भार
पुलिसः
चुनौतियां और सामाजिक न्याय

अरूण प्रकाश

notionpress
.com

INDIA · SINGAPORE · MALAYSIA

ISBN 979-8-88783-552-5

अनुक्रमणिका

बी.डी. खर्कवाल
आई.पी.एस.
डायरेक्टर जनरल पुलिस से.नि.
(असम)

आर्शीवचन

मैने श्री अरूण प्रकाश द्वारा लिखित पुस्तक भारतीय पुलिसः चुनौतियां और सामाजिक न्याय विषयक पढ़ी है।

लेखक ने पुलिस सुधार की उपेक्षा और सर्वोच्च न्यायालय के निर्देशों की अवहेलना पर भी लिखा है। 1857 के विद्रोह के बाद ब्रिटिश शासकों के द्वारा 1861 में पुलिस एक्ट बनाया जो अभी तक चल रहा है। औपनिवेशिक व्यवस्था में रचित एक्ट 1947 की स्वतन्त्रता प्राप्ति के बाद भी संशोधित नही हुआ, ना ही नया एक्ट बनाया गया। विभिन्न पुलिस आयोगों की सिफारिश पर भी ध्यान नही दिया गया। आश्चर्य तो यह है कि आपातकाल 1975 के बाद गठित राष्ट्रीय पुलिस आयोग की सिफारिशें भी पूरी तरह नही मानी गई। सोली सोराब जी द्वारा रचित नए Model Police Act पर भी केन्द्र व राज्य सरकारों द्वारा कोई कार्यवाही नही हुई।

इस संबन्ध में श्री अरूण प्रकाश जी के कथनानुसार सर्वोच्च न्यायालय ने भी निर्देश दिये पर इन पर भी कार्यवाही आंशिक ही हुई। लेखक के विचार से इसका मुख्य कारण राजनेताओं और नौकरशाहों का Nexus ही सर्वोपरी है।

कानून व्यवस्था के विभिन्न राज्यों की स्थिति व घटनाऐं देखे तो कोई भी समुदाय का हिंसक प्रदर्शन, सार्वजनिक संम्पत्ति का नुकसान कर अपनी मांगे मंगवा लेता है। सब संविधान द्वारा प्रदत्त मौलिक अधिकारों की दुहाई तो देते हैं परन्तु संविधान में ही दिये हुए नागरिको के मौलिक कर्तव्यों का कहीं जिक्र नही होता।

लेखक ने परिशिष्टों में महत्वपूर्ण दस्तावेज विशेषकर सर्वोच्च न्यायालय का 22.9.2006 का निर्णय एवम् सोली सोराब जी द्वारा रचित Model Police Act 2006 भी देकर पुस्तक की उपयोगिता को बढ़ा दिया है।

लेखक ने विभिन्न देशों की पुलिस प्रणालियों की तुलना में जापान की पुलिस व्यवस्था को सर्वोत्तम माना है।

पुलिस Model Police Act 2006 का एक अंग है। क्या जेल, अभियोजन, एवम् न्यायपालिका भी उतने ही उत्तरदायी नही है जितनी पुलिस? मेरी व्यक्तिगत धारणा है कि पुलिस सुधारों के लिए केन्द्र व राज्य सरकारों को मिलकर कार्यवाही करनी चाहिए। क्या यह संम्भव है ? और साथ ही पुलिस तंत्र को अपनी कार्य प्रणाली में आंतरिक सुधार करने चाहिए।

- बी.डी. खर्कवाल

Police Reforms: Chronology of Events

1857 -   1st Freedom Fight for Independence

1860 -   British Govt. appointed 1st Police
          Commission 1860 (India)

1861 -   Police Act 1861 was passed &
          implemented by British government

1947 -   India became a free nation.

1950 -   The Constitution of India was passed.

1950 -   Police was made "A State Subject" as
          in the 7th Schedule of the Constitution.

1975 -   Emergency Imposed in India by
          congress government.

1977 -   Shah Commission of Enquiry was set
          up by new government

1977 -   Formation of National Police
          Commission for Police Reforms

1979 -   First Report of Police Commission
          Received.

1980 - First Report of the Police Commission Placed before Parliament.

1981 - Final 8th Report of National Police Commission submitted to Govt. of India (Total 8 Volumes).

1983 - The Report of NPC was sent to the State Governments for further Action.

1993 - The Protection of Human Rights Act 1993 bill was posed.

1994 - Constitution of National Human Rights Commission.

1996 - Padam Shri Prakash Singh retired DGP filed a Writ Petition in Supreme Court-regarding implementation of Police Reform recommendations of National police commission (after no results for 15 years for the implementation of the recommendations).

1998-99 The Rebeiro Committee was set up to review the commission's recommendations.

2000 - Padmanabhaiah Committee was set up (as a third committee) on police reforms under the stewardship of a former Union Home Secretary- K. Padmanabhaiah.

2002 - National Human Rights Commission Report submitted in May 2002.

2003 - The Malimath Committee was set up and a report was submitted in March 2003.

2005 - The Committee was set up to draft a new model police act . It was headed by former Attorney General- Soli Sorabjee.

2006 - A Bench of Supreme Court Judges Y.K. Sabharwal & others ordered the Government of India & State Govts. to implement reforms of the Police organizations in states and union territories.

Oct 2006 The Soli Sorabjee Committee submitted a model police act on 30th Oct 2006.

2006-2015 17 States Revised New Police Act (Deviated from the proposed model Police Act). In 12 States and most Union Territories the old Police Act 1861 of British time is still applicable. Current Supreme Court is still awaiting the compliance of the judgment of September 2006 regarding police reforms in the country.

A Supreme Court Committee is monitoring the progress of the implementation of the orders of the Supreme Court and a contempt of court is also pending in the Supreme Court.

प्रस्तावना

पुलिस सुधार की बात पिछले 40 वर्षों से शीर्ष स्तर पर चल रही है। वर्ष 1975 से 1977 के बीच आपातकाल के कटु अनुभवों के परिणाम स्वरूप जब राजनेताओं को पुलिस व्यवस्था की खामियों को स्वयं भुगतना पड़ा तो आने वाली जनता पार्टी की सरकार ने नवम्बर 1977 में नेशनल पुलिस कमीशन के गठन का आदेश किया ताकि पुलिस व्यवस्था में आवश्यक सुधार किये जा सकें और पुलिस द्वारा बेहतर निष्पक्ष कार्य किया जा सके। इसके पश्चात् दशको तक कमीशन एवं कमेटीयों के गठन होते रहे परन्तु वांछित सुधार अभी भी नही हो पाए। 40 वर्ष व्यतीत हो जाने पर भी हमारे देश में अपराध बढ़ते ही रहे।

वर्ष 2005 से 2015 के बीच प्रति लाख आबादी अपराध (IPC) 41.68 प्रतिशत बढ़ा है (Appendix-8) जिसके आधार पर वार्षिक वृद्धि दर लगभग 4 प्रतिशत है। तकनीकी के इतने विकास के बावजुद भी इतना अपराध बढ़ना हमारी व्यवस्था में गहरे दोष का परिचायक है। जापान की तुलना में इरादतन हत्याओं की (दर प्रति लाख आबादी) की तुलना करें तो भारत में हत्याओं की दर 11 गुणा अधिक है(Appendix-4) भारत में वर्ष 2016 में हत्याओं की संख्या 3.22 प्रतिलाख है। जबकि जापान में हत्या दर केवल 0.28 प्रतिलाख है। यह हमारी दुखदः व्यवस्था का परिचायक है। यूं तो विश्व में और अधिक हत्याओं वाले देश भी हैं परन्तु यह संतोष करने का कारण नहीं है।

इस विषय में पद्मश्री प्रकाश सिंह, सेवानिवृत्त पुलिस महानिदेशक उत्तर प्रदेश द्वारा पिछले 22 वर्षों से बराबर प्रयास किये जा रहे हैं। नेशनल पुलिस कमीशन 1978-81 की रिपोर्ट को भी सर्वोच्च न्यायालय में वर्ष 1996 में रिट याचिका के माध्यम से उन्होने ही पुनः जीवित किया जो कि वर्ष 1981 से 1996 अथार्त 15 वर्षों तक केवल गृह मंत्रालय के रिकार्ड सेक्शन की शैल्फ की शोभा बढ़ाती रही।

सर्वोच्च न्यायालय के वर्ष 2006 में विस्तृत निर्देशो के बाद भी इस विषय में भारत सरकार और राज्य सरकारें जो करती रही हैं वह किसी भी दशा में केवल ढकोसला ही है।सूचना के अधिकार के माध्यम से अधिकांश राज्यों से सुचनाऐ प्राप्त करके तथ्यों की पुष्टि वर्ष 2013 से 2015 के मध्य की गई।परन्तु महत्वपूर्ण आवश्यक सुधार जो होना चाहिए वह है पुलिस को निष्पक्ष और प्रजातन्त्रीय बनाने की संवैधानिक व्यवस्था देना, वह नही किया जा रहा है। पुलिस, सी बी आई एवं अन्य महत्वपूर्ण संस्थाओं पर दबाव डालकर निर्णय प्रभावित किये जाते हैं।

नेशनल पुलिस कमीशन की रिर्पोट लागू कराने के विषय में सर्वाच्च न्यायालय के 2006 के सम्बन्धित निर्णय के बाद नये पुलिस एक्ट 17 राज्यों में बनाये गये। परन्तु वो भी पुलिस को स्वायत्तता देने में असफल रहे हैं और पुलिस को राजनैतिक नौकरशाही नैक्सस से मुक्त कराने में सक्षम नहीं हो पाए।

इस पुस्तक में ऐसे विवरण प्रस्तुत किये गये हैं जो दर्शाते हैं कि विशेषज्ञों और सर्वोच्च न्यायालय के निर्णय को भी इधर-उधर करने में प्रायः सभी राज्य सफल रहे हैं।एक

विशेष अध्ययन में उत्तराखण्ड राज्य के पुलिस एक्ट 2007 के विषय में दिखाया गया है कि किस प्रकार राज्य पुलिस बोर्ड का गठन तो किया गया परन्तु उसमें फेरबदल करके उसे प्रभावहीन कर दिया गया। पहले तो उसके गठन में निर्देशों की अनुपालना नहीं की गई और बाद में आठ वर्षों तक यानि वर्ष 2015 तक उत्तराखण्ड में राज्य पुलिस बोर्ड की कोई बैठक ही नहीं हो पाई। तब इतने महत्वपूर्ण सुधार हेतु निर्देश की अनुपालना का कोई अर्थ ही नही रह जाता है।

प्रस्तुत पुस्तक में अन्य महत्वपूर्ण संकेत देने वाले तथ्य भी दर्शाये गये हैं। विश्व में हमारा सापेक्ष स्थान क्या है? हमारी स्थिति वैश्विक प्रजातांत्रिक सूचकांक (World Democratic Index), वैश्विक शांति सूचकांक (World Peace Index) और आर्थिक स्वतंत्रता सूचकांक (Economic Freedom Index) के अनुसार क्या है यह भी दर्शाया गया है। इन विषयों पर इस पुस्तक में विश्व के अन्य देशों के सापेक्ष आंकड़े प्रस्तुत किये गये हैं।

इसके अतिरिक्त एक हत्या होने पर क्या-क्या घटित होता है समाज में और उसके परिवार पर क्या गुजरती है इसका चित्रण भी किया गया है।

इस पुस्तक में जापान की व्यवस्था का विवरण प्रस्तुत किया गया है कि किस प्रकार चुने हुऐ राजनैतिक प्रतिनिधित्व के अधीन अर्थात मंत्री के अधीन व्यवस्था होते हुए भी वहां सम्पूर्ण पुलिस व्यवस्था में '' एक व्यक्ति के एकाधिकार पूर्ण हस्तक्षेप से'' पुलिस के प्रबंधन को मुक्त एवं निष्पक्ष रखा गया है। जापान की पुलिस व्यवस्था विश्व में एक श्रेष्ठ

उदाहरण है। वर्ष 1947 में इस व्यवस्था को बनाने के पश्चात् जापान ने चहुमुखी विकास किया है।

सबसे बड़ा महत्वपूर्ण प्रश्न यह है कि सुधार किस व्यवस्था में होना है, पुलिस विभाग में, उसके नियन्त्रको में या संविधान में? यद्यपि संविधान की सातवी अनुसूची (Schedule-VII) के अन्तर्गत पुलिस राज्यों का ही विषय है, परन्तु राष्ट्रहित में और जनहित में पुलिस एक्ट सम्पूर्ण देश में एक ही होना चाहिए। पुलिस एक्ट 1861 अंग्रेजों का बनाया हुआ था जो कि पुलिस को सत्ताधारी (Ruling Party) के पक्ष में प्रभावी और पक्षपाती बना देता है। 17 राज्यों में नवीन पुलिस एक्ट बनाऐ गऐ हैं, परन्तु उसमें सर्वोच्च न्यायालय के विषयगत सम्बंधित आदेश का पालन नही किया गया है। यदि नवीन पुलिस एक्ट विशेषज्ञों द्वारा प्रस्तावित माडल पुलिस एक्ट के अनुसार ही पूर्ण रूप से उसी प्रकार ही बनाया जाता तो भी पुलिस बल को बिना दबाव के अपना कार्य सुचारू रूप से करने में सफलता मिलती और उनका तनाव भी कम होता।

श्रेष्ठतम तो यही होगा कि जापान की प्रमाणिक व्यवस्था से सीख लेकर अथवा अपने देश के चुनाव आयोग की कार्य प्रणाली से सीख लेकर हम सम्पूर्ण पुलिस व्यवस्था को एक सशक्त राष्ट्रीय पुलिस आयोग गठित करके उसके अधीन कर दें। इसमें न धार्मिक पक्षपात हो पायेंगे और न ही जातिगत पक्षपात। इसमें विभिन्न जातियों को, धर्मों को, अल्पसंख्यकों को एवं निर्बलों को न्याय मिल सकेगा। हमारा देश विश्व के सर्वश्रेष्ठ प्रजातंत्रों में उच्च स्थान पा सकेगा जो कि आज सूचकांक के आधार पर निम्न/मध्यम स्तर पर है।

यह भी स्पष्ट है कि राजनेता और नौकरशाह अपनी सत्ता को विकेन्द्रित नही करना चाहते हैं, परन्तु इसमें राष्ट्रहित नही है। परिवर्तन की आवश्यकता को गहराई से समझना होगा। यदि परिवर्तन नही किया तो हमारी आजादी अधूरी है। यदि परिवर्तन नही किया तो नक्सलवाद, आतंकवाद, माफिया, अपराध, विद्रोह कभी समाप्त नही होगें।

- अरूण प्रकाश

1

जब एक हत्या होती है: एक चित्रण

आईये देखें एक झांकी इस व्यवस्था की जिसके तहत एक हत्या होने पर किस तरह से हमारे देश की व्यवस्था और समाज उससे व्यवहार (deal) करता है।

एक खुला कत्ल होता है। मरने वाले के घर वाले यह समाचार सुनकर कि उनके बेटे का, भाई का, या पति का कत्ल हो गया, होशो हवाश खो देते हैं। कत्ल के मौके पर कोहराम मचा होता है। दुःख, सन्ताप और रोष में पूरा परिवार एवं सगे सम्बन्धी डूब जाते हैं। ऐसे ही समय में पुलिस को सूचना दी जाती है और पुलिस अधिकारी घटना स्थल पर पहुंचते है। जांच होती है, पुलिस पूछताछ करती है। डांट फटकार भी शुरु होती है। घरवाले बताते हैं कि इस नाम के व्यक्ति ने हत्या की है। पुलिस कहती है, चश्मदीद गवाह को बुलाओ। उससे बन्द कमरे में सवाल करके थाने में आने को कहा जाता है।

एफ आई आर करना: निर्बल के लिए एक त्रासदी

मृतक के घरवाले रो रहे हैं, शोक सन्तप्त हैं तो भी कानूनी जिम्मेदारियां निभानी पड़ रही हैं। पुलिस में रपट (एफ आई आर) लिखाने जाते हैं तो थाने वाले अनेकों घण्टों बैठा कर

रखते हैं। कहते हैं अभी जांच करेंगे तो रपट लिखेंगे। पुलिस का कोई दलाल कहता है रपट हम लिख देंगे तुम लोग दस्तखत कर जाओ। कल जब रपट काट देंगे तो अपनी कापी ले लेना। उनका बेटा गया है, मार दिया गया है, होशो हवाश नहीं है कि क्या करें क्या न करें। मजबूर हैं।

हत्यारा ज्यादा सक्रिय, संगठित और दबंग

अपराध करने वाले दबंगों से पुलिस वाले भी डरते हैं क्योंकि इनकी पहुंच ऊपर तक होती है। शरीफ आदमी का डर किसी को भी नहीं होता। हत्या करने वाला शातिर अपराधी बड़ा सतर्क और सक्रिय रहता है। पुलिस को हत्या की रिपोर्ट होने से पहले ही नेता जी या बड़े अधिकारी का फोन पुलिस थाने में करवा देता है कि "अमुक व्यक्ति उसका आदमी है इसलिए उसे कुछ नही होना चाहिए। वह यह भी कहता है कि कुछ लोग उस व्यक्ति को अकारण ही फंसाने की कोशिश कर रहे हैं।"

हत्यारे को देखने वाले चश्मदीद गवाहों के नाम पता लगते ही उनको खतरा उत्पन्न हो जाता है। गुप्त रूप से अपराधी सब कुछ नियन्त्रित करते हैं। गवाहों के घर धमकी आ जाती है। "उनका भी यही अन्जाम होगा और वह कोर्ट तक नहीं पहुंच पाएगें। उनके पिता को भी धमकाया जाता है कि वह अपने बेटों को समझा दे, कि वो हम लोगों के चक्कर में ना पड़े।"

पुलिस थाना और संबंधित तंत्र का इरादा रहता है कि रपट जितनी देरी से लिखी जाये उतना ही अच्छा ताकि सारा खेल परिवर्तित किया जा सके अर्थात् सब कुछ उनके हाथ में

रहे। हत्यारे के आदमी चप्पे-चप्पे पर स्थित रहते हैं। उसके मुखबिर उसे चप्पे-चप्पे की खबर अर्थात् घटना क्रम का विवरण घर बैठे ही देते हैं।

हत्या होने से प्रारम्भ हुआ एक सभ्य परिवार की बरबादी का सिलसिला

मृतक के घरवालों का घर पूरा युद्ध का मैदान बन जाता है। एक तरफ दिल को चीरने वाला दुःख, अपने अजीज के जाने का सन्ताप और दूसरी ओर उनके खिलाफ खड़े संगठित अपराधी, राजनैतिक लोग, और दबंग। पीड़ित पहले से ही सदमें में है और किसी को कुछ दे नहीं सकता। अपराधी के हिमायती नेता, उसके और गवाहों के जानी दुश्मन, हत्यारे के साथी और हत्यारा पुनः जानलेवा हमले के लिये तत्पर, पूरे परिवार पर आगे का छाया हुआ खतरा, भय और आशंका? चश्मदीद गवाह को धमकियां और जान का खतरा। एक तरफ संगठित शातिर अपराधी लोग, और दूसरी ओर मजबूर और हत्प्राण का कमज़ोर परिवार।

बढ़ते अपराध से बहुतो का चमकता धंधा

कानून टिका है सबूत और गवाहों पर और सबूत टिका है जांच तंत्र पर। सभी जगह एक तरफ धन रखा जायेगा, सिफारिश रखी जाएगी और दूसरी ओर न्याय रखा जायेगा। न्याय को हर पल दबाने का जरिया ढूंढते हुये सभी दबंग, और सभी संबंधित व्यक्ति अपनी मनमानी करेंगे। उस अपराध की कमाई पर सारे तंत्र का व्यवसाय चलेगा। यह लड़ाई 10-20 साल चलेगी और तब तक चलेगी जब तक न्याय का पलड़ा झुक न जाये।

दबंगो के प्रभाव में जन आक्रोश भी विफल

यही कारण है कि अनेक मामलों में हत्या होने पर जन आक्रोश उबल जाता है। थाने जला दिये जाते हैं, निजी सम्पत्तियों का नुकसान होता है और सड़के जाम कर दी जाती हैं। जनता को मालूम है कि क्या हो रहा है, किसी के पास इन कठिनाइयों का इलाज नहीं हैं, परन्तु फिर भी जब व्यवस्थायें ठप हो जाती हैं, फेल हो जाती हैं तो आक्रोश दिखाना ही जनता के पास एकमात्र साधन रह जाता है। यह एक फौरन का उबाल है जो थोड़ा बहुत पथराव, आगजनी, घेराव आदि करके खत्म हो जाता है। फिर वही सब रह जाता है जिससे कदम-कदम पर मृतक के परिवार का शोषण, रूदन, क्रन्दन जारी रहता है। साल दर साल निकल जाते हैं। परिवारवालों को आक्रोश में नींद नहीं आती है और ज्यादा होता है तो मृतक के परिवार का कोई व्यक्ति हताशा में कसम उठा लेता है कि वह इस अन्याय का बदला लेगा। न्याय नहीं हुआ तो वह जिन्दा नहीं छोड़ेगा हत्यारों को कोश् और एक शरीफ परिवार अपराध के रास्ते पर चल देता है। इस प्रकार समस्त परिवार की बर्बादी का सिलसिला शुरू हो जाता है।

हत्प्राण के परिवारजन वर्षों तक भयग्रस्त

क्या हम विचार करेगें कि ऐसा क्यों हुआ ? हत्या हुई सो हुई इसके बाद व्यवस्था ने उसको क्या राहत दी। ऐसा भयग्रस्त वातावरण क्यों बनता जा रहा है? हर व्यवस्था पर माफिया का राज क्यों होता जा रहा है। शराब माफिया, भू- माफिया, अपहरण माफिया, राजनैतिक अपराधियों का माफिया और अब व्यापारिक माफिया। अपराधियों की शक्ति बेमिसाल और उनसे संघर्ष करने वाले समाज के कमजोर-कमजोर धागे

- एक पुलिस इंस्पेक्टर - एक पब्लिक प्रोसिक्यूटर - गवाह - मृतक के भयग्रस्त घरवाले - पग-पग पर धन को तरसते मृतक के आश्रित। कहां खड़े हो पायेंगे ये उन शातिरों के सामने जिनके पास बेपनाह दौलत और हथियार, राजनेता, अफसर सभी साथ हैं।

दोषी व्यक्ति या व्यवस्था ?

आखिर धीरे-धीरे इस अन्जाम तक क्यों पहुंचे हम? सर्वोच्च सत्ताधारी और मंत्रीगण भी घूस के कटघरे में आखिर क्यों हैं? और उनको सजा़ न होने का कारण क्या है? आचरण हीनता के पनपने का कारण क्या है? व्यक्ति या व्यवस्था? निश्चित रूप से हमारी व्यवस्था दोषी है।

अपराध निरन्तर घटना चाहिये, हमारी व्यवस्था ऐसी होनी चाहिये। हमारी व्यवस्था इसके विपरीत है। हमारी व्यवस्था अपराधियों को बढ़ाती है, उत्तेजित करती है, प्रोत्साहित करती है। बड़ा बनने का, समाज में शक्तिशाली बनने का एक प्रभावी ज़रिया है अपराध। बिना ट्रेनिंग के कोई सैनिक भी तैयार नहीं होता तो फिर बिना ट्रेनिंग के कोई अपराधी कैसे बन सकता है। जब ट्रेनिंग चल रही होती है तो समाज और पुलिस जैसे आवश्यक रोकथाम करने वाले अंग या तो आंखे बंद कर लेते हैं क्योंकि उन पर प्रायः राजनैतिक दबाव पड़ते हैं अथवा वे उनका उपयोग करने लगते हैं।

राजनैतिक स्वार्थ के वृक्ष की छाया में पलते अपराध

किसी भी अपराधी का इतिहास लीजिये वह निश्चित ही छोटी उम्र में किसी छोटे से अपराध में पकड़ा गया होता है और जेल में बन्द रहा होता है। वह बाहर आता है और यहीं

से शुरू होता है उसका अपराधिक सफर। उसे गुरु मिलते हैं जो उसे शह देते हैं "फिक्र मत करो हम सब देख लेगें।" राजनीतिज्ञ मिलते हैं जो कहते है "क्या कर रहे हो ? खाली हो तो हमारे पास आ जाया करो, राजनीति में तो तुम्हारे जैसे जांबांज नौजवानों की जरूरत है। कोई दिक्कत हो तो बता देना। यहां का कोतवाल मेरा खास आदमी है, तुम्हें कोई दिक्कत नहीं होगी।"

जेल से आने के बाद यह अपराधी नौजवान समाज में पहले थोड़ा कटा-कटा रहता है फिर जब देखता है कि लोग उससे कुछ डरने लगे हैं, कटने लगे हैं तो वह उन्हें डराने लगता है और सीना अकड़ा कर चलने लगता हैं। ऐसे ही समय अपराधिक गुरु इसको चेला बना कर कोई काम लेने लगते हैं और इसकी अनेक जरूरतों को पूरा करके अपराध और अय्याशी के रास्ते पर लगा देते हैं। इतनी छोटी उम्र के नौजवान को लगता है कि अपराध की दुनिया में तो बड़ा मजा है। घर में तो कोई घास नहीं डालता। कहीं नौकरी तक नहीं मिलती और यहां तो मौज ही मौज है। भविष्य के खतरों से अनजान यह युवक अपराध के सफर पर चल पड़ता है ।

छोटे-छोटे अपराध करने पर इस युवक को कोई रोकता नही है। कोई भी उसको नही टोकता। समाज उसको टालता है। मैं क्यों बेकार पगां लूं। हर आदमी टाल जाता है। कुछ लोग अनदेखा करते हैं। काफी लोग उसका काम कर देते हैं या चन्दा दे देते हैं। व्यवस्था से जुड़े कई लोग उसे कमाई का धन्धा बना लेते हैं।"अबे कुछ करो, माल काटों और यहां भी जमा करो"। तंत्र और उससे संबंधित लोग सिर्फ संगठनों से, राजनैतिज्ञों से या अपने उच्चाधिकारियों से अथवा सिर्फ जन आक्रोश से थोड़ा डरते हैं। पुलिस प्राथमिक जांच में सख्ती

से काम करती है, अपराधी को पूरा फंसाती है और बाद में ज़रूरत हो, दबाव पड़े, तो पलटा मार जाती है और फिर तुरन्त ही अपराधी को बचाने का प्रयास शुरू कर देती है। सत्ता पक्ष के दबाव में घरि हुए पुलसि अधकिारी

न्यायिक प्रक्रिया के आवश्यक अंगो में पुलिस प्रथम न्यायालय है और सबसे प्रमुख है। दूसरा है पब्लिक प्रोसिक्यूटर और न्यायालय उसके बाद है। न्यायालय निष्पक्ष है भी तो पुलिस किसके पक्ष में है? पुलिस मंत्रियों/सत्ता पक्ष के अधीन है तो फिर निष्पक्ष कार्य करने का प्रश्न ही नहीं रहता। पुलिसवाले की जान उसके तबादले में और अधिकारी में लटकी रहती है। दोनों ही मंत्री की मेहरबानी पर हैं और उनका भय दिखा कर सत्ता पक्ष की पूरी पार्टी के लोग उन्हें दिन-रात ब्लैकमेल करते हैं तो फिर क्या न्याय होगा।

न्यायालय में इतने अधिक लम्बित वाद: लगभग तीन करोड़ से अधिक

वाद निपटाने में किसी का फायदा नहीं है। सब अपने अपने स्वार्थ में ही रूचि रखते हैं। वास्तव में 3 करोड़ से अधिक लंबित वादों (Pending Court Cases) को देखते हुए और उनको निपटाने की गति को देखते हुए यह अनुमान सहज ही लगाया जा सकता है कि औसतन 50 से 100 वर्ष और इन वादों को निपटाने मे लगेंगे। जबकि आज हमें सूचना प्रौद्योगिकी और इन्टरनेट का इतना बड़ा सहारा मिला है तब भी हम पीछे की तरफ जा रहें हैं। न्याय व्यवस्था सिसकने की स्थिति में है इसी कारण दबंगों का, अपराधियों का और उनके पीछे बैठे समस्त तंत्र का हौसला बढ़ता है।

आधी दिल्ली का अवैध निर्माण राजनेताओं और नौकरशाहों की नाक के नीचे क्यों ?

राजनैतिक व्यक्ति के दम पर दिल्ली में भी कानून की खुली अवहेलना हुई।ऐसा न होता तो आधी दिल्ली का निर्माण, अवैध रूप से, बिना पारित नक्शों के किया जाना संभव न होता। सम्पूर्ण देश में यही स्थिति है। क्या ऐसे में हम किसी नियम कायदे के अनुपालन और न्याय की आशा कर सकते हैं।

ईमानदार पुलिस अधिकारी की कठिनाईयां

पुलिस तंत्र दबावग्रस्त है। ईमानदार पुलिस वाले अपनी जान हथेली पर रखकर नौकरी कर रहे हैं, उनके ज्यादा से ज्यादा तबादले होते हैं, ऊपर नीचे सभी उनके खिलाफ हो जातें है, वो आउट आफ बिरादरी समझे जाते हैं और प्रायः ऐसे अधिकारी हाई अलर्ट जौन में तैनात कर दिये जाते हैं और उनको प्रायः अपमान का बोझ उठाना पड़ता है। कितनी घुटन उस ईमानदार अधिकारी को होती होगी यह सहज ही अनुमान लगाया जा सकता है।

2

विस्फोट की ओर संकेत करती वर्तमान व्यवस्था:कौन होगा उत्तरदायी ?

प्रजातन्त्र में सर्वोच्च सत्ता राजनीति में निहित है। शासन तन्त्र पूर्णतया निष्पक्ष होना चाहिए, न कि किसी एक पार्टी का पक्षपाती। पुलिस सभी वर्ग के लिए और विशेषकर निर्बल वर्ग के लिए प्राथमिक न्यायालय की भूमिका अदा करती है।

कुछ राजनेता और नौकरशाह देश को ऐसी दिशा में ले जा रहे हैं कि सारी व्यवस्था एक दिन विस्फोटक हो सकती है।

आइये हम व्यवस्था के विस्फोटक होने के संकेत (Indicators) देखने का प्रयास करते है:-

1. दबंगो को कानून का डर नही

   कानून का डर समाप्त हो गया है। विशेषकर दबंगो को आज के समय में कानून से कोई डर नहीं है। इसका कारण है, सभी न्यायालयो में कुल मिलाकर करोड़ो वाद लम्बित हैं,(Appendix-2) और उनके निबटने में 50 से 100 वर्ष कम से कम लगेंगे। नये आने वाले केस (वाद) जोड़ने पर और अधिक समय लगेगा।

साधारण व्यक्ति के लिये और गरीब आदमी पर कानून का शिकंजा लागू है, पर दबंगो के लिये और खुली अवहेलना करने वालों के हाथ के नीचे दब जाने पर कोई भी व्यक्ति छटपटा कर रह जाता है। फैसला या तो फिर न्यायालय से बाहर (आउट ऑफ कोर्ट) ले देकर होता है या फिर किसी माफिया के अधीन निबटाया जा सकता है। चाहे सिविल मामला हो या अपराधिक, सभी का यही हाल है।

उच्च स्तरीय मामलों में दबंगो से, शीर्ष राजनेताओं से, और सशक्त नौकरशाहों से कोई टकरा नहीं सकता। कुछ प्रकरणों में मीड़िया और जन आन्दोलन के कारण जब प्रकरण काफी चर्चित एवं प्रकाशित हो जाता है तब केवल कुछ जांबाज पुलिस वालों, न्यायाधीशो के दम पर और केस हाईलाइट हो जाने के कारण अपराधियों पर कार्यवाही हो पाती है।अपराधी को पग-पग पर पूर्ण मौका है कि वह गवाहों को आतंकित करा सके, खरीद सके, निचले न्यायालयों से उच्चतम न्यायालय तक न्याय को प्रभावित कर सके।

2. सर्वोच्च न्यायालय में न्यायाधीशों की चिन्ता

सर्वोच्च न्यायालय के चार न्यायाधीश, सर्वोच्च न्यायालय के प्रधान न्यायाधीश के प्रति खुला आरोप प्रेस कान्फ्रेन्स करके लगाते हैं। आरोप लगाये जाते हैं कि सर्वोच्च न्यायालय के वादों को 'चुनिन्दा' जजो की पीठ को भेजा जा रहा है, अर्थात 'प्रभावित' कराया जा रहा है। क्या यह न्याय व्यवस्था के विस्फोटक हो जाने के संकेत नहीं हैं?

3. सी बी आई

सी बी आई के दो शीर्षस्थ अधिकारियों में विवाद होता हैं विवाद इतना बढ़ता है कि सरकार को अन्तरिम व्यवस्था बनानी पड़ती है। सी बी आई के निदेशक को अवकाश पर भेज दिया जाता है और 13 सी बी आई अधिकारियों के रातो रात स्थानान्तरण एक कार्यकारी रूप से नियुक्त किये गए सी बी आई मुखिया द्वारा किये जाते हैं। पूरा प्रकरण फिर सर्वोच्च न्यायालय में ले जाया जाता है, और इस प्रकार एक सर्वोच्च जांच संस्था अर्थात सी बी आई और भारत सरकार की कार्यप्रणाली पर प्रश्न चिन्ह लग जाता है।

4. उच्चतम अधिकारी का सम्मान भी खतरे में

अनेक राजनेता किसी भी बड़े से बड़े माफिया से ऊपर हैं। दिल्ली सरकार के मुख्य सचिव को मुख्यमंत्री परिसर में विधायकों द्वारा कथित अभद्र व्यवहार किया जाना व्यवस्था पर एक बड़ा प्रश्न चिन्ह है।

लोक सभा और विधान सभा के दृश्य तो लाइव टी वी में सभी को देखने को मिलते हैं। अध्यक्ष को घेर लेना, कुर्सिया, माइक फेकना, घायल कर देना भी विधान सभाओं में होता ही रहता है। लोक सभा में भी अनुशासनहीनता करने वालों को कोई सजा नहीं हो पाती है।

राजनैतिक व्यक्ति को केवल तभी कुछ सजा हो पाती है जब राजनैतिक रूप से वह कमजोर हो गया हो। मतलब है कि सब शक्ति का खेल है अर्थात राजनैतिक शक्ति न्याय से ऊपर है। ऐसी राजनीति देश के लोकतन्त्र को

कैसे बचा पायेगी। बड़े से बड़े विपक्षी नेता, सामाजिक कार्यकर्ता या किसी भी विरोधी को जेल में पहुंचाना, हत्या कराकर दुर्घटना का स्वरूप देना इत्यादि, कुछ भी हो सकता है।

5. राजधानी दिल्ली के दशकों तक चलते अवैध निर्माण के पीछे कौन सी शक्तियाँ

अधिकांश राजनैतिक व्यक्तियों के लिए निज स्वार्थ और वोटो का लक्ष्य पहली प्राथमिकता है और शेष सब बाद में। जिस देश की राजधानी दिल्ली में दो तिहाई भूमि पर भवन निर्माण अवैध रूप से नियम विरूद्ध कर लिये जाते हैं, दशकों तक यह सिलसिला शीर्ष राज नेताओं की शरण में, उनके दम पर चलता रहता है। सड़कों पर, सार्वजनिक स्थलो पर कब्जे और निर्माण चलते रहते हैं, यह स्वंय में प्रमाण है कि राजनैतिक शक्तियां कानून के पालन में कितनी बड़ी बाधाएं उत्पन्न करती हैं और शासन व्यवस्था एवं पुलिस को अपने इन गलत आदेशों के अनुपालन हेतु विवश करती है। यह दूसरी बात है कि फिर अधिकारी और पुलिस विभाग भी इस अव्यवस्था का पूरा लाभ उठाते हैं और खुला भ्रष्टाचार करते हैं।

6. श्रेष्ठ अधिकारी का माप दण्ड क्या ?, देश के प्रति निष्ठावान अथवा नेता जी के प्रति निष्ठावान

निष्ठावान, कर्तव्यनिष्ठ, ईमानदार कर्मचारियों, अधिकारियों के लिये सर्वत्र जीवन संघर्षपूर्ण हो गया है। वो जान की बाजी लगाकर कार्य करते हैं। जहां कठिन हालात में ऐसी आवश्यकता पड़ती है तो इमानदार कर्मचारी को ऐसी जगह तैनात कर दिया जाता है जहां

उसे पूरा खतरा होता है, परन्तु देश को दिखाने के लिये वहां स्थिति नियन्त्रण करने के लिये कभी कभी जन दबाव में उसे तैनात करना जरूरी हो जाता है। अधिकांश अधिकारियों, पुलिसकर्मियों को अपने उन नेताओं को हाजरी देनी होती है जो अपराधियों को राजनैतिक संरक्षण प्रदान करते हैं। सही को गलत और गलत को सही करना होता है, यदि उन्हें उनके क्षेत्र में नौकरी करनी है। जब कोई नया मुख्य मन्त्री या नया मन्त्री शपथ लेता है तो उसका सबसे पहला काम होता है अधिकारियों के तबादले, यानि दूसरे गुट वाले अधिकारियों को हटा कर अपने गुट के "यसमैन"अधिकारियों को महत्वपूर्ण पदों पर लाना। फिर ये चहेते अधिकारी तीन प्रकार के कार्य करते है- मन्त्री जी की छवि उभारने वाले कार्य, विपक्ष को दबाने व नीचा दिखाने के छिपे एजेन्डा के अनुरूप कार्य, और सबसे पहले प्राथमिकता पर मन्त्री जी को व्यक्तिगत लाभ, धनराशि संचय, भूमि आवंटन, मन्त्री जी के समस्त चेलों के लाभ के कार्य ताकि राजनीति का वृक्ष फलता फूलता रहे और ये चेले नेता जी के लिए जान की बाजी लगाकर कार्य करते रहें।

जो निष्पक्ष और ईमानदार अधिकारी, कर्मचारी हैं, जो अपने देश और संस्कृति के दीवाने हैं उनका व्यक्तिगत जीवन कठिनाई में ही गुजरता है। कठिन और दुर्गम परिस्थितियों में ही ज्यादातर उनकी तैनाती की जाती है। मलाईदार स्थानों में उन्हें निकम्मा, बेकार और रास्ते की बाधा वाला अधिकारी मानकर हटा दिया जाता है। ऐसे में दबाव ग्रस्त शासन तन्त्र और पुलिस तन्त्र से न्याय की अपेक्षा किस प्रकार सम्भव है ?

7. दबंगो और माफिया से टकराने का साहस किसी का नही क्योंकि व्यवस्था पर भरोसा नही

जो आर्थिक अपराधी हैं वह एक प्रकार के सफेदपोश माफिया होते हैं। माला के धागे की तरह सभी को पिरोकर रखना और लाभ उठाना उनकी कार्यप्रणाली होती है।

राजनैतिक संरक्षण के कारण ये अन्य अपराधिक माफिया के सभी घटको से गठजोड़ रखते हैं। उनकी ताकत का प्रयोग करते हैं, कब्जे करते हैं। खनन माफिया, वन माफिया, भू माफिया और अन्य संगठन चलाते हैं। ये लोग पूर्ण समाज में सही चलने वालो का जीवन दूभर कर देते हैं।

विस्फोटक स्थिति होने पर आने वाली पीढ़ियां पूछेंगी कि यह सब क्यों और कैसे होता रहा ? आने वाली पीढ़िया निम्न के बारे में जबाब मांगेगी, तब निम्न प्रश्नो का उत्तर कौन देगा ?

आजाद देश में अभी भी गुलामी के वक्त का पुलिस एक्ट क्यों?

1. जब देश आजाद हुआ तो अपना संविधान बनाया, फिर अपना नया पुलिस एक्ट क्यो नहीं बनाया ? पुलिस की व्यवस्था में तो प्रजातन्त्र की जड़ें हैं, मूलभूत अधिकार की सुरक्षा है फिर अंग्रेजो का पुलिस एक्ट 1861 किस स्वार्थ के कारण चलने दिया। अगर ब्रिटेन की नकल करनी थी तो यह समझकर नकल करते कि अब हम परतन्त्र नही हैं। ब्रिटेन का पुलिस प्रशासन तो स्वतंत्र और निष्पक्ष व्यवस्था के अधीन है।

2. विशेषज्ञों की घोर अवहेलना: माडल पुलिस एक्ट को किसी राज्य ने नही माना

   देश में अपराध बढ़ने पर 1977 में "पुलिस कमीशन" का गठन किया गया। उसकी रिपोर्ट 1981 में आई। तब उस रिपोर्ट को रद्‌दी की टोकरी में क्यों डाला गया? विशेषज्ञों की रिपोर्ट पर दशको तक भी कोई कार्यवाही क्यो नहीं की गयी ?

3. भारत सरकार दशको तक नेशनल पुलिस कमीशन की रिर्पोट के विपक्ष में क्यों रही?

   पुलिस कमीशन की रिर्पोट पर कार्यवाही करने के लिये सेवानिवृत डी जी पी श्री प्रकाश सिंह द्‌वारा वर्ष 1996 में (रिपोर्ट आने के 15 वर्ष बाद) सर्वोच्च न्यायालय में संविधान के अनुच्छेद 32 के अंन्तर्गत रिट पिटीशन स 310 दाखिल की गयी।

   विचारणीय है कि भारत सरकार ने इस याचिका में विपक्ष की भूमिका क्यों निभाई ? क्या भारत सरकार सुधारों के विरूद्‌ध थीं ?

4. भारत सरकार ने क्या अपना दायित्व नही निभाया?

   भारत सरकार ने उक्त जनहित याचिका के विरोध में 10 वर्ष तक विरोध किया और अन्ततः वर्ष 2006 में सर्वोच्च न्यायालय के निर्णय में भारत सरकार की हार हुई और वादी श्री प्रकाश सिंह के पक्ष में निर्णय दिया गया। सर्वोच्च न्यायालय ने अपने निर्णय में महत्वपूर्ण दिशा निर्देश दिये s(Appendix-9)जिनका अनुपालन कराना भारत सरकार और विधायिका का नैतिक दायित्व बनता है। उन निर्देशों की अनुपालना नहीं की गई। जहां

अनुपालना के फलस्वरूप नए पुलिस एक्ट बनाए गए हैं, उसमें भी पुलिस सुधार के सम्बंध में सर्वोच्च न्यायालय के निर्देषों को अर्थहीन कर दिया गया है।

5. तीन करोड़ से अधिक वाद न्यायालयों में लम्बित

आने वाले समय में न्याय पालिका का उद्देश्य लगभग विफल होने की संभावना है। समस्त उपाय विफल हो जायेगें, क्योंकि गवाही (Evidence)धरातल से उठती है। गवाही और सबूत जब माफिया, राजनीतिकरण और दुर्व्यवस्था के अधीन होगी तो न्याय नहीं हो पायेगा। निर्बल वर्ग न तो पुलिस के पास पहुंच पायेगा और न ही न्यायालय में। तब न्याय प्रक्रिया लम्बित प्रकरणों के चलते और सबूतों के अभाव (Lack of Evidence) के कारण लगभग असफल हो जायेगी। कौन होगा इसका उत्तरदायी?

नेशनल पुलिस कमीशन, सर्वोच्च न्यायालय, और अन्य सभी विशेषज्ञ सलाहकारों के परामर्शों की अवहेलना हो रही है । कौन है इसका उत्तरदायी?

3

भारत का लोकतान्त्रिक, राजनैतिक एंव शासकीय व्यवस्था का सापेक्ष आंकलन

हम कहां पर हैं? विश्व गुरू या पिछड़ों के आस-पास?

आज विश्व में एक देश का दूसरे देश से कुछ भी छिपा हुआ नही है। सूचना प्रोद्योगिकी और तकनीक द्वारा रोज नए आश्चर्यजनक परिणाम दिए जा रहे हैं। एक और "बिट कोयन" है तो दूसरी और "साइबर अटैक" की भरमार है। नए-नए हाईब्रीड बीजों के विकास से कृषि उत्पादन उच्च स्तर पर है। विकास का उच्च स्तर है तो खतरों का भी उच्च स्तर स्वतः ही हो जाता है। शत्रु हमेशा ताक में रहता है कि कहां से उसे मौका मिले और वो दूसरे देश की शान्ति को छीन ले। यह एक सतत संघर्ष प्रक्रिया है। ऐसे में हमें अपने देश की आन्तरिक शान्ति व्यवस्था को सुदृढ़ रखना उतना ही आवश्यक है जितना कि अपनी सीमाओं की सुरक्षा।

हमारा देश एक विशाल देश है इसकी भौगोलिक सीमाएं 15200 कि मी लम्बी है और 7517 कि मी सामुद्रिक सीमा है। 130 करोड़ का विशाल जन समूह है। जबकि वर्तमान में हमारी सकल आय (जी डी पी) विश्व की कुल आय की लगभग 3.1 प्रतिशत है और हम छठें स्थान पर हैं।

भारत वर्ष विश्व की सबसे बड़ी लोकतान्त्रिक व्यवस्था है। विश्व में शोध संस्थानो द्वारा अधिकांश देशों के विभिन्न प्रकार के आंकड़ों का सकंलन किया जाता है और उन आंकड़ों के आधार पर अनेक सूचकांक विश्व के विशेषज्ञों द्वारा गणना करके प्रकाशित किए जाते हैं। ये सूचकांक विभिन्न देशों के विषय में सूचना प्रदान करने, आकलन करने एंव दिशा निर्धारित करने का आधार बनते हैं। मुख्य कुछ निम्नलिखित हैं

1. Democracy Index (लोकतान्त्रिक सूचकांक)

2. Economic freedom Index (आर्थिक उदारता सूचकांक)

3. Global Peace Index (शान्ति सूचकांक)

इन्ही सूचकांकों के आधार पर प्रमाणित रूप में विश्व के विभिन्न देशों की आर्थिक व्यवस्था, शासन, अपराधिक स्थिति, आतंकवाद, एवं पुलिस व्यवस्था आदि के विषय में तुलनात्मक अध्ययन, निर्धारण एवं आंकलन किया जा सकता है।

Democracy Index- (लोकतान्त्रिक सूचकांक) के आधार पर आकलन

यह किसी देश की प्रजातान्त्रिक व्यवस्थाओं जैसे चुनाव, शासन, राजनीति और व्यक्तिगत स्वतन्त्रता आदि के विषय में विश्व स्तरीय विश्लेषण का एक महत्वपूर्ण सूचकांक है। भारत का स्थान लोकतान्त्रिक सूचकांक के आधार पर 42 वां है, यूनाईटेड किंगडम का 14वां एवं हांगकांग का 71 वां स्थान है (Appendix-6) उक्त विश्लेषण के अनुसार हमारा

देश राजनैतिक संस्कृति के विषय में कम अंक अर्थात 10/5.63 प्राप्त करता है जबकि चुनावी प्रक्रिया के विषय में बेहतर स्थिति 9.17/10 है।

ये आंकड़े यह प्रमाणित करते हैं कि हमारे देश में ''चुनाव आयोग›› श्रेष्ठ प्रजातन्त्र का मजबूत स्तंभ है। परन्तु राजनैतिक संस्कृति(Political culture) में 10 में से केवल 5.63 अंक प्राप्त होना राजनीति में सक्रिय चरित्रों और तत्वों पर प्रश्न चिन्ह खड़ा करता है।

जिन देशों की व्यवस्थाऐं सर्वोच्च स्तर की लोकतान्त्रिक व्यवस्थाऐं हैं उनके लोकतान्त्रिक सूचकांक अलग अलग घटकों के अंक सहित तालिका में दर्शाए गए हैं। (Appendix-6)

हमारे लिए उच्च लोकतान्त्रिक सूचकांक मानक प्राप्त करना ही देश का लक्ष्य होना चाहिए। वही सूचकांक हमारी सही व्यवस्था और सही नियत का सूचकांक है परन्तु विश्व स्तरीय विश्लेषण में हमारा लोकतान्त्रिक सूचकांक निम्न स्तर पर क्यों है, यह विचारणीय है।

राजनैतिक संस्कृति के मानक में बहुत कम अंक होना हमारे नेतागणों के व्यवहार के प्रति प्रश्न चिन्ह खड़ा करता है, जिसके कारणों को सत्यतापूर्वक परखने एवं समाधान की अति आवश्यकता है।

Economic Freedom Index (आर्थिक उदारता सूचकांक)

यह सूचकांक किसी देश की शासन क्षमता, विधिक व्यवस्था (Rule of law) विनियामक क्षमता (Regulatory Efficiency) और बाजार की उदारता (Market openness) दर्शाने वाला सूचकांक है।

नेपाल और श्रीलंका भी हमसे बेहतर

भारत की स्थिति इस सूचकांक में अति दुखद है। 2017 के आंकडों के अनुसार 180 देशों की सूची में भारत का स्थान 130 वा है (Appendix-7) जबकि पाकिस्तान का 131 वा, बंगला देश का 128 वा और नेपाल का 133 वा स्थान है। भारत का स्कोर 54.5 और पाकिस्तान का स्कोर 54.4 अर्थात् लगभग बराबर है। श्रीलकां हमसे काफी आगे हैं। अतः चारों देश भारत, पाकिस्तान, बंगला देश, और नेपाल लगभग बराबर तथा निचले स्तर पर हैं। यहां पर यह भी ध्यान देने का विषय है कि नेपाल के अतिरिक्त ये तीनों देश अंग्रेजो की दासता से एक साथ ही मुक्त हुए हैं। 180 देशों की सूची में नीचे से हमारा स्थान 51वा है, जब उपर से देखें तो 130 वा है। फिर हम किस प्रकार अपनी व्यवस्था पर गर्व करें ?

स्पष्ट है कि आर्थिक उदारता सूचकांक(Economic freedom index) आंकलन में हम कुछ भी बेहतर स्थिति में नही हैं। हमारी नजर में पाकिस्तान की व्यवस्था 'निम्न श्रेणी की' है, परन्तु हम इस आंकलन में स्वयं को परखें कि हम कहां पर हैं तो पातें हैं कि हम भी वहीं पर हैं।

पाकिस्तान व बांग्लादेश भी भारत का हिस्सा रहे है। तीनों ही देश अपनी व्यवस्था में श्रेष्ठता लानें में सफल नही हो पा रहें हैं, जो दर्शाता है कि ऐसा कुछ जरूर है जो इन तीनों देशों की व्यवस्था में समान दोष की और संकेत करता है।

आगे के विषयों में हम इसका विश्लेषण, वास्तविक आधार पर आंकलन एवं सत्यतापूर्वक कारणों का चिन्हीकरण करेगें। वास्तव में अंग्रेजों का बनाया गया पुलिस एक्ट 1861

ही इस सब दुर्भाग्य पूर्ण स्थिति का कारण है, जिसका हम बाद में विश्लेषण करेंगें।

Global peace index (सूचकांक वैश्विक शान्ति)

यह सूचकांक इकनामिस्ट विश्व व्यापी मान्यता प्राप्त संस्था इन्टैलीजैन्स यूनिट के विशेषज्ञों के समूह द्वारा निकाला जाता है। इससे देश की शान्तिप्रियता, स्थिरता, अपराध आदि का निर्धारण संभव होता है।

श्रीलंका, नेपाल और बंगलादेश हमसे काफी बेहतर

वर्ष 2018 में वैश्विक शान्ति सूचकांक के आधार पर 163 देशों की सूची में भारत 136 वे स्थान पर है (Appendix-5) श्री लंका हमसे काफी बेहतर 67 वे स्थान पर है, बंगला देश 93 वे स्थान पर है तथा पाकिस्तान 151 वे स्थान पर हैं। नेपाल 84 वे स्थान पर होकर हमसे काफी उपर है। आइसलैन्ड प्रथम एवं न्यूजीलैण्ड द्वितीय स्थान पर हैं। ग्लोबल पीस इन्डेक्स में सापेक्ष रूप से इतने नीचे स्तर पर होना हमारी व्यवस्थाओं और शासन आदि पर प्रश्न चिन्ह खड़ा करता है जो अति दुखद है।

वैश्विक शान्ति सूचकांक के आधार पर भारत में परिवर्तनों की चर्चा करें तो वर्ष 2010 में हमारा स्थान 130 वा था, 2014 में 144 वा स्थान था और अब 136वा है। जो दर्शाता है कि हमारी स्थिति में सुधार नही हो रहा है। हमसे बेहतर वो देश है जिन्हे हम अपनी दृष्टि में साधारण और निम्न श्रेणी का समझते हैं। विश्व के अन्य मुख्य देशों की चर्चा करें तो जापान 9 वें स्थान पर, सिंगापुर 8 वे स्थान पर, यूके 57 वे स्थान पर, फ्रांस 61 वे स्थान पर हैं। उल्लेखनीय है

कि भारत का स्थान नीचें से 38 वा है। क्या हम इस पर गर्व कर सकते है? क्या यह हमारे भविष्य के सामाजिक और प्रजातन्त्रीय व्यवस्था के लिए एक घोर चिन्ताजनक संकेत नही है ? अतः आवश्यकता है कि पहले सत्य को स्वीकार करें और दूसरी आवश्यकता है कि प्रमाणित व्यवस्थाओं और विशेषज्ञों की राय को शत प्रतिशत लागू करें। यही एकमात्र विकल्प है।

चरित्र हनन करके देश की राजनीति तो चल जाएगी, सत्ता भी मिलेगी परन्तु साथ ही अवनति के फलस्वरूप देश के वर्तमान पीड़ित करोड़ों जन समुदाय का आक्रोश हमें नष्ट कर देगा। आने वाली पीढियां अव्यवस्था और अंधकार देखकर आन्दोलित हो उठेंगी। लोकतान्त्रिक व्यवस्था पर आमूल चूल सुधार लाना अनिवार्य रूप से आवश्यक है।

सत्य को देखने समझने एंव परखने की आवश्यकता है। विशेषज्ञों की रिर्पोट को रद्दी की टोकरी में डालने से देश का कल्याण नही हो सकता। उस पर कार्यवाही कर सही दिशा में चलना शुरू करेंगे तो निश्चित रूप से लोकतान्त्रिक व्यवस्था में सुधार आयेगा एवं देश उन्नति के मार्ग पर अग्रसर हो सकेगा।

विशेषज्ञों की पूर्णतया मानेगे तब ही देश का सही विकास होगा और गरीबी दूर हो सकेगी

उक्त प्रस्तुत आकड़ें सत्य का प्रमाण हैं। यदि हम 'नकारते' हैं तो हम अपनी लोकतान्त्रिक व्यवस्था को सुधारने में सफल नही हो पाएगें।

हमारे देश में प्रति वर्ष होने वाली हत्याएं, बलात्कार, लम्बित न्यायालय प्रकरण, गरीबी की रेखा से नीचे रहने वाले विशाल जन समुदाय का पशु समान जीवन, सब इस बात के प्रमाण हैं कि देश की व्यवस्था में केई "बड़ा कारण" है, जो इसको उलटी दिशा में धकेल रहा है। इस सत्य को स्वीकार करना होगा। पहले दोष को परखना होगा और फिर प्रमाणित व्यवस्थाओं के अनुसार समाधान करना होगा। जो विश्व में अब तक की श्रेष्ठ प्रजातन्त्रिक व्यवस्थाएं हैं, उनके आधार पर समाधान करना होगा। आगे यह प्रासांगिक नही रहेगा कि हम क्या थे। केवल यही प्रासांगिक होगा कि हम किस दिशा में जा रहे हैं।

देशहित सर्वोपरि, राजनीति पीछे हो

उचित कठोर व्यवस्था जो प्रजातान्त्रिक हो व्यक्तिवादी नही वही हमें श्रेष्ठ सामाजिक जीवन की और अग्रसर करेगी, देश के गरीबों को अच्छा जीवन दे पायेगी। अव्यवस्था में हम केवल एक दूसरे को भला बुरा कहते रहें, इससे कोई समाधान नही होगा। श्रेष्ठ विशेषज्ञों के निर्देशो को राजनैतिक प्रभाव के कारण और अंग्रेजो के समय की सचिवालय की कार्यप्रणाली के चलते बाबुओं के द्वारा अर्थहीन स्थिति में पहुंचा दिया गया है, जिससे कार्यप्रणाली में अव्यवस्था बनी हुई है।

4

क्या पुलिस सुधार के विषय में भारत सरकार एवं राज्य सरकारों द्वारा सर्वोच्च न्यायालय की अवमानना नही है?

पुलिस व्यवस्था एक व्यापक और अति विशिष्ट विषय है, परन्तु यहां आशय सिर्फ एक तथ्य से है, जो मुख्य है कि पुलिस निष्पक्ष एवं प्रजातन्त्रीय किस प्रकार से हो? वह किसके अधीन होनी चाहिए? न्याय का निर्णायक कौन होना चाहिए? पुलिस का मुखिया, पुलिस अधिकारी या राजनैतिक सत्ताधारी, अथवा नोकरशाह? किसकी चौखट पर न्याय मिलेगा? ब्रिटिश शासन से मुक्त होने के पश्चात् अपराध की दर प्रति लाख व्यक्ति बढ़ती गयी। माफिया, आतंकवाद, और गिरोहबन्द अपराधी तेजी से पनपे और समृद्धि के बावजूद भी जनमानस में अशान्ति व्याप्त है, जिसके विवरण आंकड़ों सहित दूसरे अध्याय में दर्शाये गये है।

वर्ष 1975 में जब देश में आपात काल की घोषणा की गई तो राजनेताओं ने पुलिस में सुधार की आवश्यकता को प्रबल रूप से अनुभव किया, क्योंकि उन्होनें मौजूदा पुलिस व्यवस्था के नियम कानून के दुष्परिणामों को भुगता था।

अतएव नवम्बर 1977 में राष्ट्रिय पुलिस आयोग के गठन का आदेश गृहमंत्रालय से जारी किया गया। इस आयोग को पुलिस व्यवस्था के विषय में देश व्यापी अध्ययन, विश्लेषण और सुधार के प्रस्ताव प्रस्तुत करने हेतु निर्देशित किया गया।

राष्ट्रीय पुलिस आयोग की रिर्पोट के बाद 15 वर्ष तक कोई कार्यवाही नही

राष्ट्रीय पुलिस आयोग की रिपोर्ट वर्ष 1979 से 1981 के मध्य आयी, परन्तु 15 वर्ष व्यतीत हो जाने पर भी 1996 तक भारत सरकार अथवा किसी राज्य ने इस रिर्पोट को कोई महत्व नही दिया, इसका अनुपालन भी नही किया गया। वर्ष 1996 में श्री प्रकाश सिंह सेवानिवृत्त पुलिस महानिदेशक उत्तरप्रदेश जो कि पद्मश्री से सम्मानित है, के द्वारा सर्वोच्च न्यायालय में एक जनहित याचिका प्रस्तुत की गयी कि पुलिस कमीशन 1979-81 की रिपोर्ट के अनुसार पुलिस सुधार किये जाऐ।

10 वर्षों तक भारत सरकार ने उक्त याचिका के विरूद्ध सर्वोच्च न्यायालय में बचाव किया परन्तु अन्त में वर्ष 2006 में सर्वोच्च न्यायालय के निर्णय में भारत सरकार की हार हुई। सर्वोच्च न्यायालय ने वादी के पक्ष में निर्णय दिया और पुलिस सुधारों को किये जाने हेतु भारत सरकार और राज्य सरकारों को विस्तृत दिशा निर्देश जारी किये।

नीति निर्धारण में विशेषज्ञों की अवहेलना क्यों?

1981 की रिर्पोट पर 15 वर्षों तक कोई कार्यवाही न होना, और फिर 10 वर्षो तक सर्वोच्च न्यायालय में कमीशन की रिर्पोर्ट

में प्रस्तावित सुधारों का विरोध करना सभी विभिन्न सत्ताधारी राजनैतिक पार्टियों की सोच दर्शाता है। जब राजनैतिक दल सत्ता में बैठते हैं तो वे सुधार नही चाहते, क्योंकि पुलिस एक्ट 1861 उन्हें एकाधिकारवादी सत्ता पुलिस बल के माध्यम से प्रदान करता है। वही राजनेता जब विपक्ष में पहुंचते हैं तो वे पुलिस व्यवस्था के दोषों से पीड़ित होने लगते हैं। परन्तु जनता इस प्रकार की व्यवस्था से निरन्तर ही पीड़ित रहती है, उसकी चिन्ता कोई नही करता।

सत्ता में बैठे व्यक्ति को पुलिस उतम लगती है, क्योंकि उसके पक्ष में आदेशों का पालन होता रहता है। अतः ऐसे में वे 1861 के पुलिस एक्ट में सुधार की बात भूल जाते हैं।

सत्ताधारी पार्टी इन सुधारों से असहमति प्रकट करती है। अर्थात वे पुलिस को स्वतंत्रता अर्थात निष्पक्षता प्रदान किये जाने के पक्षधर नही रहते। प्रायः पुलिस की खराब छवि को आधार मानकर वे पुलिस की स्वतंत्रता के विरोध को उचित ठहराते हैं। जबकि विशेष बात यह है कि नेतागण न्याय का दरबार अपने घर पर ही लगाना पसन्द करते हैं क्योंकि तभी उनके राजनैतिक अनुयायियों की संख्या बढ़ती है, उनके अनुयायी पीछे पीछे घूमते हैं, और उनका दबदबा बना रहता है।

नेशनल पुलिस कमीशन की रिर्पोट वर्ष 1979 से 1981 के मध्य प्रस्तुत की गई। रिपोर्ट की संस्तुतियां लागू की जानी चाहिए थी। परन्तु अंग्रेजों के समय में बनाऐ गए पुलिस एक्ट 1861 को देश की स्वतन्त्रता के पश्चात् वर्ष 2006 तक भी नही बदला गया।

17 राज्यों ने बनाऐ पुलिस एक्ट: परन्तु पुलिस को निष्पक्ष व्यवस्था नही दी

वर्ष 2006 से वर्ष 2015 तक सूचना प्राप्त होने तक केवल 17 राज्यों में ही नए पुलिस एक्ट बनाये गऐ, जो कि वास्तविक रूप में न तो पुलिस कमीशन की रिर्पोट के अनुरूप थे, और न ही सर्वोच्च न्यायालय के निर्देशों के अनुरूप है। सर्वोच्च न्यायालय द्वारा प्रस्तावित माडल पुलिस एक्ट 2006 के कुछ मुख्य बिन्दु जिनकी सभी राज्य सरकारो एवं केन्द्र सरकार ने नऐ पुलिस एक्ट बनाने में लगभग पूर्णत्या अवहेलना की है, वह Appendix 10 में अंशरूप में दर्शाये गऐ हैं। अन्य राज्यों में तो अभी तक नए पुलिस एक्ट भी नही बनाऐ गऐ, जो कि सर्वोच्च न्यायालय के निर्देशों की अवहेलना है।

पुलिस की सम्पूर्ण कार्य प्रणाली एक बड़ा विषय है, तथापि इस प्रकरण में यहां सबसे महत्वपूर्ण अंश जिससे न्याय सबसे अधिक प्रभावित होता है वह है पुलिस कार्य में राजनैतिक हस्तक्षेप व दबाव, जिसमें राजनेताओं के साथ-साथ नौकरशाह, राजनैतिक कार्यकर्ता एवं पार्टी पदाधिकारी सभी सम्मिलित हैं। इस दबाव के चलते पुलिस का नियन्त्रण प्रजातन्त्रीय न होकर पक्षपाती हो जाता है। इस तथ्य को निम्न द्वारा स्वीकार किया गया-

1. शाह कमीशन ने सचेत किया

   शाह कमीशन की तृतीय एवं फाइनल जांच रिर्पोट 6 अगस्त 1978, के अनुसार " If the officials on the one side and the politicians on the other, do not limit their areas of operation to their accepted and acknowledged fields this nation cannot be kept safe for working a democratic system of Government"

2. नेशनल पुलिस कमीशन की द्वितीय रिर्पोट अगस्त 1979 ने भी सचेत किया कि राजनैतिक व्यवस्था में सीधे पुलिस हस्तक्षेप चिन्ताजनक है।

3. पुलिस अनुसंधान ब्युरो (Bureau of Police Research and Development) ने भी वर्ष 1979 में अपने रिसर्च पेपर में राजनैतिक सत्ता के अत्याधिक दबाव को "न्याय प्रक्रिया के विपरीत, व्यक्तिगत अधिसत्ता को बढ़ाने वाला और प्रजातन्त्र की नीव हिलाने वाला बताया।'' इसका मुख्य अंश निम्न है-

   Abstract from Research Paper 'Political and Administrative Manipulation of the Police' published in 1979, Stated that "the excessive control of political executives and its principal advisers over the police has the inherent danger of making the police a tool for subverting the process of law, promoting the growth of authoritarianism, and shaking the very foundation of DEMOCRACY."

4. सर्वोच्च न्यायालय ने भी माना

   सर्वोच्च नयायालय द्वारा उक्त तथ्य को माना गया। पद्मश्री प्रकाश सिंह पूर्व महानिदेशक पुलिस द्वारा प्रदत्त पी आई एल स 310 वर्ष 1996 में उल्लिखित तथ्य। उनके द्वारा देशहित में पी आई एल द्वारा राष्ट्रीय पुलिस

कमीशन की रिर्पोट 1979-81 को पुनर्जीवित किया गया एवंम सर्वोच्च न्यायालय में वर्ष 1996 से 2006 तक 10 वर्षों तक संघर्ष किया गया। जिसके पश्चात् उक्त वाद में 22 सितम्बर 2006 को सर्वोच्च न्यायालय द्वारा निर्णय दिया गया और भारत सरकार को पुलिस सुधारों के लिए निदेर्शित किया गया। (Appendix-9)

5. राष्ट्रीय मानवधिकार आयोग ने माना

राष्ट्रीय मानवाधिकार आयोग की रिर्पोट दिनांकित 31 मई 2002 में भी उक्त तथ्य स्वीकार किया गया (Abstract in Appendix-3)

6. ग्रह मन्त्रालय की कमेटी ने माना

MHA Committee (गृह मंत्रालय) दिसम्बर 2004 में प्रधान मन्त्री के निर्देश पर पुलिस रिफोर्म के विषय में MHA द्वारा कमेटी बनाई गई। जिसमें निम्न भी सम्मिलित किया गया-&"Insulating Police Machinery from extraneous influences"उल्लेखनीय है कि इस कमेटी द्वारा जो 49 संस्तुतियां की गई उसमें बिन्दु संख्या 49 के अनुसार राज्य सुरक्षा आयोग (State Security commission) बनाने की संस्तुति भी सम्मिलित है। तथा राज्य सुरक्षा आयोग के निर्देशों के अनुपालन की बाध्यता भी प्रस्तावित की गई है।

7. रिवियु कमेटी ने भी माना

Review committee on recommendations of National Police Commission & other commission/committees on police reforms. Abstract few lines (3.9) from the above report:"In short, the Indian Police system was devised as a system of the British, by the British, and for the British. The Indian Police Act of 1861 was a sequel of the Report of the First Police Commission of 1860. The 2nd Police Commission (the Fraser Commission), once again, comprehensively examined the Indian Police system in 1902. After Independence, several State Governments appointed their own police commissions to examine the performance of the State Police. At the national level, the National Police Commission and five other Committees reviewed the Indian police system. In spite of all these efforts, there has been no major impact on the working of the police system since Independence. The situation is summarized by Shri C.V. Narasimhan in his article "Police Reforms: Retrospect and Prospect":"The police that had faithfully served the British Raj continued to serve (after Independence) the ruling political parties with equal loyalty without realizing their role as impartial agents of law. Growing political interference with police work made the police appear partisan in public perception. The weakening of public faith in police impartiality resulted in dwindling cooperation from the public. Relationship began to sour. Public criticism of the police tended to become sharper, which in turn drove the police to adopt more and more aggressive postures in their dealings with the public. This in consequence drew more criticism from angry and estranged citizens, and thus a vicious circle got built.

8. सर्वोच्च न्यायालय ने अपने निर्णय दिनांक 22 सितम्बर 2006 वाद सं0 310/1996 में भारत सरकार को सात दिशा निर्देश जारी किए जिसमें पुलिस को निष्पक्षीय नियन्त्रण में किए जाने व अन्य अनेक सुधारों को करने के आदेश जारी किए गए। (Appendix-9)

इस प्रकार यह भली भांति स्पष्ट होता है कि पुलिस एक्ट 1861 एक पक्षपाती पुलिस व्यवस्था प्रदान करने वाला पुलिस एक्ट है। इस पुलिस एक्ट के अन्तर्गत पुलिस नियन्त्रण और पुलिस का प्रबन्धन दूषित हो जाता है। सत्ता के केन्द्र के चारो ओर राजनैतिक कार्यकर्ता, नौकरशाह, पुलिस अधिकारी और अन्य उस एकाधिकारवादी पुलिस का खुल कर दुरूपयोग करते हैं।

यही कारण है तमाम माफिया, आतंकवाद और अपराधिक दबंगो के पनपने का। एकाधिकारवादी पुलिस नियन्त्रण निजी स्वार्थो के कारण कानून के विरूद्ध चलने वालों का पक्षपाती हो जाता है, जब तक कि कोई बहुत बड़े स्तर पर उनका पक्ष लेना असंभव न हो जाऐ। अन्याय से ही जन्म होता है नऐ नऐ अपराधियों का और अनेक माफिया, नक्सलवादी संगठनो का। सत्ता में बैठे प्रतिनिधियों को

व्यवस्था में छिद्र दिखाई नही देते, क्योंकि उनमें उन्हें स्वयं का लाभ एवं सत्ता का एकाधिकार ही प्रिय लगता है। जन प्रतिनिधि चाहते हैं कि जनता अपनी समस्याओं के लिए उन्ही के पास फरियाद लेकर आऐं, ताकि उनकी अधिकाधिक महत्ता रहे। इससे उनके राजनैतिक चेलों का एक बड़ा तन्त्र विकसित होता है। जो जितना अधिक संरक्षण दे सकता है, वह उतना ही बड़ा नेता बनता जाता है। साफ काम करने वाले नेता रास्ते से हटते चले जाते है।

5

उत्तराखण्ड राज्य पुलिस बोर्ड का मनमाना गठन क्या सर्वोच्च न्यायालय के निर्देश की अवहेलना नही है ?

पुलिस सुधार के विषय में सर्वोच्च न्यायालय के निर्णय दिनांक 22-09-2006 (रिट पिटीशन सिविल 310 ऑफ 1996) के निर्देश के अनुपालन में उत्तराखण्ड राज्य द्वारा वर्ष 2007 में उत्तराखण्ड पुलिस एक्ट, 2007 बनाया गया, जिसके अनुसार राज्य के लिए एक राज्य पुलिस बोर्ड के गठन का प्रावधान है। इस बोर्ड का गठन माडल पुलिस एक्ट के अनुरूप किया जाना था। (Appendix-10)

जबकि बनाए गए पुलिस एक्ट में सर्वोच्च न्यायालय के निर्देशों की अनुपालना नहीं की गई है।राज्य पुलिस बोर्ड का गठन इस प्रकार कर दिया गया है कि यह पूर्ण रूप से सत्ता रूढ़ पार्टी के राजनैतिक प्रभाव में कार्य करने वाला संस्थान बना दिया गया है। इस सम्बन्ध में निम्न तथ्य विचारणीय हैं:-

1. बोर्ड के गठन में सन्तुलन का अभाव

   इसमें नेता विरोधी दल को सदस्य बनाया गया है, परन्तु एक सदस्य का बोर्ड के अन्य सदस्यों की संख्या देखते हुए कोई अस्तित्व नहीं रह जाता है। सभी बाकी सदस्य राजनैतिक या उनके द्वारा नामित (नोमीनेटेड) हैं। सरकारी अधिकारी अपने मंत्री की राय के सामने अपनी भिन्न राय प्रस्तुत नहीं कर सकते हैं। अगर राय भिन्न हो तो भी गृहमंत्री/मुख्यमंत्री जो कहेंगे वही करना होगा।

2. इसमें सेवानिवृत्त न्यायाधीश उच्च न्यायालय Retired High Court Judge को नहीं रखा गया है ।

3. चयन समिति का पैनल भी राजनैतिक ही: स्वायत्तता नही

   स्वतंत्र सदस्य Independent Member के चयन Selection का पैनल राजनैतिक कर दिया गया है । जबकि माडल पुलिस एक्ट MPA की धारा 43 में चयन समिति का पैनल Selection Panel गैर राजनैतिक होने का प्रावधान है । इस प्रकार स्वतंत्र सदस्य Independent Member जो भी चयनित Nominate होंगे वह सत्तारूढ़ पार्टी के द्वारा चयन Nominate किए जाएंगे। अतः उन पर सदैव के लिए राजनैतिक दबाव बना रहेगा। जबकि माडल पुलिस एक्ट MPA में ऐसी व्यवस्था दी गयी थी कि स्वतंत्र सदस्य Independent Members स्वतंत्र रूप से प्रक्रिया (System द्वारा चयनित Nominate हों ताकि वो निष्पक्ष रूप से कार्य कर सकें।

4. केवल सलाहकार स्वरूप: अधिकार विहीन, अतःप्रभावहीन

   राज्य पुलिस बोर्ड ¼SPB½ को केवल सलाहाकार का रोल दिया गया है जबकि माडल पुलिस एक्ट ¼MPA½ में इसको पूर्ण कार्यशील संगठन के रूप में कार्य करने का प्रावधान किया गया है। इस प्रकार यह राज्य पुलिस बोर्ड ¼SPB½ केवल औपचारिक मात्र तक ही सीमित रह गया है।

5. आठ वर्ष तक एक बैठक भी नही

   उपरोक्त तथ्यों के अतिरक्त सबसे महत्वपूर्ण बात जो सूचनाधिकार के माध्यम से प्राप्त सूचना के अनुसार स्पष्ट हुईं कि आठ वर्षों में (वर्ष 2007 से 2015 तक) उत्तराखण्ड में राज्य पुलिस बोर्ड SPB के गठन के पश्चात् एक भी बैठक नहीं हुई है ।

अर्थात अस्तित्वहीन राज्य पुलिस बोर्ड

अतः यह स्पष्ट है कि पहले राज्य पुलिस बोर्ड SPB को निर्देशों से हटाकर गठित करना, फिर उसको उचित कार्य करने का प्रावधान न करना और अन्त में बोर्ड गठन के पश्चात् 8 वर्षों तक एक भी बैठक न किया जाना, यह सब सर्वोच्च न्यायालय के वर्णित निर्देशों की अवहेलना है। सर्वोच्च न्यायालय के निर्देशों के अनुसार राज्य सुरक्षा आयोग अथवा राज्य पुलिस बोर्ड एक महत्वपूर्ण भूमिका रखते हैं और उसको निष्प्रभावी करके उसके अभिप्राय को ही समाप्त कर दिया गया है ।

6

भारत में सशक्त एवं स्वतन्त्र पुलिस आयोग की स्थापना एक प्रजातान्त्रिक आवश्यकता

क्या पुलिस का नियन्त्रण पुलिस आयोग के अधीन हो?

नेशनल पुलिस कमीशन द्वारा वर्ष 1981 में प्रस्तावित आदर्श पुलिस एक्ट में पुलिस को एक बेहतर निष्पक्ष संस्था (organization) बनाने के लिए अधिकारो का विकेन्द्रीकरण एवं नियन्त्रण करने के लिये 8 रिर्पोट भारत सरकार को दी गई थी। परन्तु दुर्भाग्य कि उन पर कोई अनुपालन नही हो पाया। राजनैतिक एंव नौकरशाही का हस्तक्षेप पुलिस की व्यवस्था को पक्षपाती बनाता है, पुलिस संगठन को निर्बल करता है।

यहां हम तीन देशों के उदाहरण से तथ्यात्मक विश्लेषण करेगें कि आयोग के माध्यम से किया गया नियन्त्रण प्रजातन्त्र में निष्पक्ष व्यवस्था देने के लिए कितना प्रभावी है। यदि पुलिस भी ऐसे ही पुलिस आयोग के अधीन हो तो क्या परिणाम बेहतर हो सकते हैं ?

यहां निम्न तीन देशों के आयोगों के व्यवस्था पर प्रभाव का संक्षिप्त विश्लेषण प्रस्तुत हैः-

1. भारत - चुनाव आयोग
2. जापान - नेशनल पब्लिक सेफ्टी कमीशन
3. हांग कांग - भ्रष्टाचार के विरूद्ध स्वतन्त्र आयोग (Independent Commission Against Corruption)

1. चुनाव आयोग (भारत)

एक सदस्यीय आयोग होने के कारण वर्ष 1989 तक चुनाव आयोग में केवल मुख्य चुनाव आयुक्त, (चीफ इलैक्शन कमिश्नर) होते थे। 1989 में प्रथम बार इलैक्शन कमिश्नर अमेन्डमेन्ट एक्ट 1989 के द्‌वारा चुनाव आयोग को बहु सदस्यीय आयोग बनाया गया और तत्पश्चात् चुनाव आयोग में 2 अतिरिक्त कमिश्नर नियुक्त किए गए।

निष्पक्ष चुनावी व्यवस्था: लोकतन्त्र का मूल आधार

वर्ष 1989 से पूर्व चुनाव आयोग बूथ लूटने की दुर्घटना को रोकने में समर्थ नहीं हो पाता था परन्तु बहु सदस्यीय आयोग होने के पश्चात् चुनावों में उत्तरोत्तर सुधार हुआ और बहुत ही निष्पक्ष चुनाव संभव हो पाए। विश्व में भी भारतीय चुनाव प्रक्रिया की अच्छी साख है। वर्ष 2017 के लोकतन्त्र सूचकांक (Democracy Index) की विश्व स्तरीय गणना में चुनावी प्रक्रिया में भारत का डेमोक्रेसी इन्डेक्स 9.17 है (10 में से 9.17 अंक प्राप्त हुए हैं) जिसके कारण भारत का विश्व में 42 वां स्थान रहा। अन्यथा अन्य सूचकांको को देखते हुए भारत का स्थान 100 से भी नीचे होता। राजनैतिक संस्कृति का सूचकांक वर्ष 2017 में मध्यम स्तर से नीचे का अर्थात

10/5.63 है जो इंगित करता है कि इसमें भारत को बहुत सुधार करने की आवश्यकता है।,

विकेन्द्रित अधिकार: बेहतर संतुलन: सशक्त चुनाव आयोग

चुनाव आयोग अति सशक्त संस्था है। चीफ इलेक्शन कमीशनर को हटाने के लिए दो तिहाई मत से लोक सभा की सस्तुति पर राष्ट्रपति ही सक्षम है और कोई नही। अन्यथा चीफ इलेक्शन कमिश्नर को हटा पाना असंभव है। इसी कारण चुनाव आयोग बहुसदस्यीय और सशक्त होने के कारण ही श्रेष्ठ परिणाम देने में सक्षम है।

प्रजातन्त्र में किसी भी तन्त्र की निष्पक्षता एवं स्वतन्त्रता आवश्यक है। उसका निष्पक्ष नियन्त्रण अधिकारों के विकेन्द्रीकरण से और उसे अति सशक्त अधिकार देने से हो जाता है। यदि चुनाव आयोग इतना सशक्त और तीन सदस्यों का ना होता तो निष्पक्ष चुनाव कराना संभव न हो पाता।

2. नेशनल पब्लिक सेफ्टी कमीशन: जापान पुलिस की स्वतन्त्रंता भी और नियन्त्रण भी

जापान में पुलिस का नियन्त्रण "नेशनल सेफ्टी कमीशन" द्वारा किया जाता है। जिसके अधीन पुलिस संगठन 'नेशनल पुलिस एजेन्सी' है जिसका मुखिया कमीश्नर जनरल होता है। परन्तु कमीश्नर जनरल-"नेशनल पब्लिक सेफ्टी कमीशन" का सदस्य नहीं होता है। 'नेशनल पब्लिक सेफ्टी कमीशन' का अध्यक्ष राजनैतिक व्यक्ति होता है। नेशनल पुलिस एजेन्सी को राजनीति से कदाचित दूर रखने के उद्देश्य से

उसको बिल्कुल अलग स्वायत्तता दी गई तथापि वह नेशनल सेफ्टी कमीशन को उत्तरदायी होता है। अतः नियन्त्रण भी है, अधिकारों का विकेन्द्रीकरण भी है परन्तु राजनैतिक हस्तक्षेप नही है।

यह श्रेष्ठ प्रजातन्त्र का उदाहरण है। जापान की पुलिस व्यवस्था विश्व की श्रेष्ठतम पुलिस व्यवस्थाओं में है। यह एक विस्तृत विषय है। यहां केवल इस तथ्य पर प्रकाश डाला गया है कि नेशनल पुलिस एजेन्सी को राजनैतिक नियन्त्रण से मुक्त रखा गया है।

नेशनल सेफ्टी कमीशन के जिला स्तरीय, ग्रामीण स्तरीय कमीशन घटक हैं जो पुलिस व्यवस्था पर निगरानी तो रखते है, संस्तुतियां देते हैं परन्तु हस्तक्षेप नही कर सकते।

इतिहास प्रमाणित करता है जापान पुलिस की श्रेष्ठता को

इस प्रकार प्रत्येक स्तर पर संवैधानिक "निगरानी" भी हो जाती है और निष्पक्षता भी बनी रहती है। यही कारण है कि जापान ने पिछले 64 वर्षों में (1954 से 2018 तक) उक्त प्रकार की पुलिस व्यवस्था बनने के पश्चात् अत्यधिक प्रगति कर दिखाई है। अतः यहां की पुलिस एक सुदृढ एवं प्रमाणित पुलिस व्यवस्था है क्योंकि यह एक बहुसदस्यीय आयोग के नियन्त्रण में है।

जापान के विषय में पुलिस व्यवस्था पर विस्तार पुर्वक चर्चा अलग अध्याय में की गई है।

3. इन्डिपेन्डेन्ट कमीशन अंगेस्ट करप्पशन, (हांगकांग) सशक्त कमीशन के गठन के कारण उभरा हांगकांग

हांगकांग का "इन्डिपेन्डेन्ट कमीशन, अगेंस्ट करप्पशन" एक बड़ा उदाहरण है। वर्ष 1970 तक हांग कांग में भृष्टाचार का आधिक्य था। इस आयोग का गठन वहां वर्ष 1974 में किया गया था। हांगकांग में एक शक्तिशाली एवं स्वतन्त्र आयोग बनाया गया। बनने के 3 वर्ष के अन्दर ही इसने 274 राजकीय कर्मचारी को आारोपित (Prosecute) किया, जिसमे 143 पुलिस के थे। यह सशक्त एवं स्वतन्त्र आयोग था और जीरो टोलरेन्स पर आधारित था।
इसके तीन अलग वभिाग बनाऐ गए थे जसिमें

1. ओपरेशन विभाग -जांच के लिए
2. भ्रष्टाचार रोकने के लिए -प्रणाली विकसित करने के लिए ताकि भ्रष्टाचार न हो पाए।
3. कम्युनिटी रिलेशन डिपार्टमेन्ट -समाज को भ्रष्टाचार के विरूद्ध शिक्षित करने और प्रेरित करनेके लिए

उल्लेखनीय है कि उक्त कमीशन के द्वारा किए गए सुधारों से 30 वर्षों में हांगकांग को भृष्टाचार न्यूनतम करने में सफलता प्राप्त हुई। अन्तर्राष्ट्रीय स्तर के सर्वेक्षणों में हांगकांग का शासन सूचकांक (Governance Index) उच्च स्तर तक पहुंच गया।

इस प्रकार यदि सही प्रणाली विकसित करनी है तो पुलिस संगठन को स्वतन्त्रता देनी होगी, अधिकारों का विकेन्द्रीकरण करके नियन्त्रित करना होगा और उसको प्रबल शक्ति प्रदान

करनी होगी ताकि व्यवस्था और नियम के विरूद्ध चलने वालों के लिए कोई राह ना बचे। पुलिस नियन्त्रण को सुरक्षा आयोग में देने पर भी इसी प्रकार के परिणाम आऐंगें। इस प्रकार की शंका प्रायः राजनैतिक सत्ता में बैठे मन्त्री और नौकरशाह प्रकट करते हैं कि यदि पुलिस को स्वतंत्र कर दिया जाऐगा तो उचित नही होगा परन्तु विकेन्द्रिक्रत नियन्त्रण अर्थात् आयोग के द्वारा नियन्त्रण विश्व में श्रेष्ठ रहे हैं यह स्पष्ट है।

राज्य सुरक्षा आयोग के द्वारा श्रेष्ठ नियन्त्रण की कल्पना

आयोग द्वारा किया गया नियन्त्रण एक स्वस्थ परम्पराओं की नींव रखता है, तन्त्र को उत्तरोत्तर स्वच्छ करता है। जिससे रात के अन्धेरे में दिए जाने वाले भृष्ट आदेशों और कृत्यों से छुटकारा मिलता है। हमारे देश में अपराधियों के संरक्षण के लिए एक कर्तव्यनिष्ठ अधिकारी को कुछ घण्टों में ही हटा दिया जाता है, उसे झूठे आरोप लगाकर अपमानित कर दिया जाता है, जैसे उसकी निष्ठा का, ईमानदारी का और देश प्रेम का कोई अर्थ ही न हो। अपराधी, आतंकी, या माफिया का पक्ष लेकर प्रजातन्त्रीय आधार की नींव हिला दी जाती है।

स्पष्ट है कि यदि सशक्त, स्वतन्त्र एवं बहुसदस्यीय सुरक्षा आयोग ऐसे अति उच्चस्तरीय नियन्त्रण करता है तो वह राष्ट्हित एवं जनहित में होगा और बेहतर संस्कृति को, बेहतर विचारधारा को एवं बेहतर संवेदनशीलता को उत्तरोत्तर बढ़ाएगा।

भारत के समाज में शताब्दियों के बिखराव को एक जुट रखने की शक्ति इसी प्रकार के प्रजातन्त्र में है। सामाजिक न्याय ही एक मात्र मजबूत धागा है जो 130 करोड़ से अधिक जन समूह वाले इस देश को शान्तिपूर्ण ढंग से एक माला में पिरोकर रख सकता है। इसी में हमारा और हमारी आने वाली पीढ़ियों का सुख छिपा है। अतः एक बहुसदस्यीय स्वतन्त्र पुलिस आयोग की स्थापना भारत में आवश्यक है जो चुनाव आयोग की भांति सशक्त एवं संवेदनशील हो। केवल सलाहकार टाइप के आयोग या बोर्ड से कोई परिणाम की अपेक्षा नही की जा सकती है।

7

जापान: एक श्रेष्ठ पुलिस व्यवस्था

जापान की पुलिस व्यवस्था श्रेष्ठतम व्यवस्थाओं में एक है। द्वितीय विश्व युद्ध के पश्चात् 1947 में जापान में नया पुलिस विधान बनाया गया। इस नए विधान की विशेषताओं के फलस्वरूप जापान में न केवल अपराध नियन्त्रण हुआ, अपितु अन्य सभी विभागों की व्यवस्थाऐं भी सुदृढ़ हो गयी। वर्ष 1953 में जापान की आय विश्व की कुल आय के सापेक्ष 2.9 प्रतिशत थी, जबकि भारत की सापेक्ष आय उस समय 1.7 प्रतिशत थी। परन्तु वर्ष 1980 में जापान की आय 9.1 प्रतिशत हो गयी जबकि भारत केवल 2.3 प्रतिशत तक ही पहुंच पाया।

इसके अतिरिक्त जापान की तुलना में वर्ष 2016 के अनुसार प्रति लाख प्रति वर्ष इरादतन हत्याओं का प्रतिशत भारत में 11 गुणा अधिक है। जापान एक सघन आबादी वाला देश है, टोक्यो विश्व का सबसे ज्यादा आबादी वाला नगर है। ऐसे नगर को अपराध मुक्त रखना इस बात का सुदृढ़ प्रमाण है कि जापान की पुलिस का माडल एक श्रेष्ठ माडल है।

जापान की तुलना में भारत में हत्या दर 11 गुणा अधिक

भारत में और निकटवर्ती देशों के इरादतन मानव हत्या अर्थात (Intentional murder rate) के आकंडे वर्ष 2016 (Appendix-4) में निम्न प्रकार हैः-

देश - इरादतन हत्या दर प्रति लाख प्रति वर्ष (Intentional murder rate) प्रति लाख आबादी

जापान - 0.28

भारत - 3.22

पाकिस्तान - 4.22

बंगला देश - 2.50

श्री लंका - 2.55

नेपाल - 2.16

इस प्रकार पाकिस्तान के अतिरिक्त निकटवर्ती सभी देश हमसे बेहतर हैं।

विशेष तथ्य यह है कि वर्ष 2016 में जापान की तुलना में हत्याओं की संख्या प्रति लाख प्रति वर्ष भारत में 11 गुणा अधिक है। यह तथ्य जापान की पुलिस व्यवस्था के श्रेष्ठ होने का बहुत बड़ा प्रमाण है। हमारी व्यवस्था में और जापान की व्यवस्था में भारी अन्तर है। अतः जापान की पुलिस में ऐसी क्या विशेषता है यह जानना एवं तत्सम्बंधित विश्लेषण बहुत महत्तवपूर्ण जनहित विषय हो जाता है।

जापान पुलसि की वशिेषताऐं-

जापान का पुलिस नियन्त्रण एक निष्पक्ष प्रजातन्त्रीय एवं स्वतन्त्र व्यवस्था है, तथापि पुलिस के प्रत्येक स्तर पर पूर्ण निगरानी है। इस प्रकार जापान पुलिस स्वतन्त्र होते हुए

भी विकेन्द्रीकृत अधिकारो के माध्यम से कठोर नियन्त्रण में कार्य करती है। जापान की पुलिस एक नेशनल पुलिस एजेन्सी के अधीन कार्य करती हैं जिस पर नेशनल पब्लिक सेफ्टी कमीशन की निगरानी (Supervision) रहती है।

आयोग में सत्ताधारी पार्टी का बहुमत नही होने की अनविार्यता

नेशनल पब्लिक सेफ्टी कमीशन (NPSC) में एक अध्यक्ष और पांच सदस्य होते हैं। कैबिनेट मंत्री को इसका अध्यक्ष नियुक्त किया जाता है। कमीशन के सदस्य प्रधान मंत्री द्वारा अलग अलग पार्टी से बनाये जाते हैं। इसके निष्पक्ष कार्य स्वरूप को सुनिश्चित करने के लिए निम्न विशेषताऐं हैं:-

सभी स्तर पर नियन्त्रण भी और हस्तक्षेप भी नही

1. नेशनल पब्लिक सेफ्टी कमीशन जापान की कैबिनेट आफिस का ही अंग है। प्रीफेक्चरल पुलिस (Prefectural Police) (क्षेत्रीय पुलिस) नेशनल पुलिस एजेन्सी के अधीन होती है। प्रीफेक्चरल पुलिस पर ही समस्त कानून लागू कराने का उत्तरदायित्व होता है। प्रीफेक्चरल पुलिस पर प्रीफेक्चरल पब्लिक सेफटी कमीशन (PPSC) निगरानी रखता है जो कि नेशनल पब्लिक सेफटी कमीशन का ही अंग है।

   पुलिस प्रजातन्त्र के चुने हुए सदस्य प्रधानमंत्री के सीधे अधीन न होकर नेशनल पब्लिक सेफटी कमीशन के माध्यम से नियंत्रित होते हैं। अतः इसे राजनैतिक हस्तक्षेप के दुष्प्रभावों से दूर कर दिया गया हैं।

आयोग की स्वतन्त्रता

2. अध्यक्ष अर्थात कैबिनेट मंत्री को वोट देने का अधिकार नही है। अध्यक्ष को केवल तब वोट देने का अधिकार है जब दोनो ओर बराबर मत हो, अर्थात Tie हो जाऐ।

3. कमीशन के सदस्य विधान सभा के दोनो सदनो (DIET) की राय और सहमति से प्रधान मंत्री द्‌वारा नियुक्त किये जाते हैं।

4. चयनित सदस्य पिछले पांच वर्षों में पुलिस अधिकारी अथवा राजकीय अभीयोजन अधिकारी न रहे हों।

5. राजनैतिक निष्पक्षता सुनिश्चित करने के उद्‌देश्य से सदस्यों का चयन इस प्रकार किया जाता है कि इस कमीशन में शामिल किये गऐ सदस्य किसी एक राजनैतिक पार्टी का बाहुल्य ना बना पाऐ।

यद्‌यपि यहां संक्षेप में केवल इतना ही स्पष्ट करना उचित होगा कि नेशनल पब्लिक सेफ्टी कमीशन (NPSC) एक निष्पक्ष रूप में और अपने में पूर्ण अधिकार रखते हुए पुलिस विभाग पर नियन्त्रण रखता है।

प्रत्येक निचले स्तर की निगरानी

6. नेशनल पब्लिक सेफ्टी कमीशन (NPSC) क्षेत्रीय स्तरों पर जिला स्तरीय आयोग बनाकर प्रभावी रहता है जैसे भारत में चुनाव आयोग जब कार्यशील होता है तो वह नीचे से उपर तक सभी स्तरों पर प्रभावी रहता है।

7. राष्ट्रीय स्तर से जिला स्तर तक नेशनल पब्लिक सेफ्टी कमीशन (NPSC) का प्रतिनिधित्व होता है। क्षेत्रीय स्तर पर प्रीफेक्चरल पब्लिक सेफ्टी कमीशन (PPSC) नेशनल

पब्लिक सेफ्टी कमीशन (NPSC) का प्रतिनिधित्व करते हुए वही कार्य करता है जिससे सभी स्तर पर पुलिस के कार्यो की समीक्षा एवं निगरानी सुदृढ़ता पूर्वक की जा सके।परन्तु यह कमीशन सीधे रूप में पुलिस का प्रशासन नही करता है।

8. कमीशन अपनें कार्यों को भी विनियमित (Regulate) करने के लिए पूर्ण अधिकृत है जिसके लिए उसे वैधानिक अधिकार प्राप्त हैं।

पुलिस की पूर्ण स्वायत्तता (Freedom)

9. कैबिनेट से स्वतंत्र रहकर नेशनल पब्लिक सेफ्टी कमीशन (NPSC) स्वतंत्र रूप से कार्य करता है, यद्यपि नेशनल पब्लिक सेफ्टी कमीशन (NPSC) का अध्यक्ष मंत्री होता हैं जो कि कैबिनेट एवं नेशनल पब्लिक सेफ्टी कमीशन (NPSC) के बीच रहकर सर्म्पक एवं समन्वय बनाने का दायित्व वहन करता है।

नेशनल पुलिस एजेन्सी (NPA) जापान पुलिस को संचालित एवं नियन्त्रित करती है। नेशनल पुलिस एजेन्सी (NPA) नेशनल पब्लिक सेफ्टी कमीशन (NPSC) के अधीन कार्य करती है।

नेशनल पुलिस एजेन्सी (NPA) का मुखिया कमीश्नर जनरल होता है, महानगर पुलिस का मुखिया सुपरिंटेंडेंट जनरल (Superintendent General) होता है जो कि सीधे (NPSC) के अधीन होता हैं। जिलों की पुलिस प्रत्येक जिले में पुलिस दायित्व एवं नागरिक सुरक्षा के कार्य को स्वतंत्र रूप से करती है और नेशनल पुलिस

एजेन्सी (NPA) इसे केन्द्रीय स्तर पर समन्वय करने का कार्य करती है।

हस्तक्षेप करने वाली शक्तियों से बचाव

जापान की पुलिस व्यवस्था को साफ सुथरा रखने के लिए इसमें निम्न आंतरिक व्यवस्थाएं निहित की गई है:-

1. न तो ब्यूरोक्रेट और ना ही चुने हुए राजनैतिक नेशनल पब्लिक सेफ्टी कमीशन (NPSC) या प्रीफैक्चुरल पब्लिक सेफटी कमीशन (PPSC) के सदस्य बनाये जा सकते हैं।
2. पुलिस में पक्षपात ना हो पाऐ इसके लिए ऐसे अधिकारी जिन्होंने पिछले पांच वर्षों में पुलिस में कार्य किया हो या प्रोसीक्यूटर कार्यालय में कार्य किया हो, उनको नेशनल पब्लिक सेफ्टी कमीशन (NPSC) या प्रीफैक्चुरल पब्लिक सेफ्टी कमीशन (PPSC) का सदस्य नही बनाया जा सकता है।
3. विभाग का साइज, उनके वेतन मान आदि के विषय में नेशनल पब्लिक सेफ्टी कमीशन (NPSC) निर्णय करने के लिए स्वतंत्र है। इस विषय में विधायकों पर निर्भरता नही है। अतः राजनैतिक दबाव से कमीशन को स्वतंत्र रखने की व्यवस्था निहित की गई है।

   तैनाती और प्रोन्नतिः व्यवस्था के अधीन
4. शीर्ष पदों पर नियुक्ति एवं तैनाती नेशनल पब्लिक सेफ्टी कमीशन (NPSC) के द्‌वारा संस्तुति के अनुसार केन्द्र सरकार द्‌वारा की जाती है।

5. Prefectural Police Organization (PPO) लोकल नियन्त्रण के लिए उत्तरदायी होता है। यह एक पूर्ण रूपेण पार्टी रहित (Non-Partisan) संरचना है।

6. सभी प्रोन्नतियां प्रीफैक्चुरल पुलिस संगठन (PPO) द्वारा तय की जाती हैं जो कि नेशनल पब्लिक सेफ्टी कमीशन (NPSC) के द्वारा अनुमोदित की जाती है। इस प्रकार कोई भी लोकल राजनैतिक व्यक्ति किसी भी पुलिस अधिकारी को लाभ या हानि नहीं पहुंचा सकता।

प्रधानमंत्री भी दूरी पर रहे, ऐसी व्यवस्था

7. जापान में कोई राजनैतिक व्यक्ति किसी पुलिस अधिकारी से सम्पर्क बढ़ाऐ, इसे जापान में बहुत खराब दृष्टि से देखा जाता हैं। एक प्रकरण में जापान के प्रधानमंत्री को प्रैस द्वारा सेन्सर किया गया क्योंकि उनके द्वारा राष्ट्रीय स्तर पर जनपदों के पुलिस मुखियाओं को सीधे संबोधित किया गया था।

सार रूप में जापान पुलिस व्यवस्था प्रजातन्त्रीय पुलिस का एक श्रेष्ठ माडल है। विश्व में लगातार 1954 के पश्चात् इतनी प्रगति कर पाने का श्रेय वहां की सामाजिक व्यवस्था को है जिसका मुख्य आधार वहां की निष्पक्षीय पुलिस व्यवस्था है।

लोकतान्त्रिक, स्वतन्त्र, सशक्त पुलिस व्यवस्था

मुख्य तथ्य यह है कि पुलिस का प्रजातन्त्रीय एवं स्वतंत्र होना आवश्यक है और उस पर प्रजातंत्रीय प्रकार का नियंत्रण

होना चाहिए न कि एकाधिकारवादी नियंत्रण। वर्तमान में हमारे देश में जिस प्रकार पुलिस की नियुक्ति, स्थानांतरण और तैनाती के निर्णय लिए जाते हैं वह एक राजनैतिक सत्ताधारी दल के द्‌वारा लिए गए निर्णय होते हैं जिसमें कि पक्षपात होता रहा है। जापान की पुलिस व्यवस्था उसी प्रकार की है जैसी हमारे देश में चुनाव आयोग की व्यवस्था है।

जापान की पुलिस व्यवस्था के अन्य विस्तृत पहलू हैं जिनपर यहां उल्लेख नहीं किया गया है। यहां आशय केवल एक तथ्य से है कि पुलिस का नियंत्रण जापान की तरह प्रजातंत्रीय, स्वतंत्र एवं प्रबल होना चाहिए और यह देश की प्राथमिक आवश्यकता है।

8

अपराध के कुचक्र से कैसे आ सकते हैं बाहर?

पुलिस का स्वतंत्र प्रबन्धन

कौन करेगा पुलिस व्यवस्था के वांछित सुधार? कौन चाहता है? कौन समर्थ है? यह एक बड़ा प्रश्न है। इस विषय में पिछले 40 वर्षों का इतिहास निराशाजनक है। जब सर्वोच्च न्यायालय का विषयगत निर्णय 22 सितम्बर 2006 को आया तो लगा कि बस अब सुधार हो जाएगा। परन्तु विधायिका ने अलग रास्ते निकाल लिए और सर्वोच्च न्यायालय के निर्देशों को भी केवल मामूली सफलता ही मिल पायी।

वर्ष 1861 में अंग्रेजों ने अपनी कुशलता से पुलिस एक्ट 1861 बनाया और तत्पश्चात् भारत में 1947 तक अपना प्रभुत्व कायम रखा। आज उसी एक्ट के माध्यम से या मामूली संशोधन करके नए एक्ट के माध्यम से राजनैतिक व्यक्ति एवं उनसे सम्बद्ध अधिकारी, कर्मचारी, कार्यकर्तागण भारत वर्ष के निर्बल जनसमूह को अपरोक्ष दासता में घेर रखे हैं। विपक्ष में आने पर नेताओं को इसका एहसास होता है, परन्तु उच्च स्तर पर भाईचारे के कारण राजनेताओं को कतिपय कोई समस्या प्रायः नही होती।

विकेन्द्रीकृत प्रबल नियन्त्रण के अधीन निष्पक्ष पुलिस व्यवस्था निर्देशित हो सके, तब ही निर्बल वर्ग और समस्त समाज को पुलिस द्वारा प्रथम दृष्टया न्याय मिल पाऐगा।

सशक्त सुरक्षा आयोग का गठन ही श्रेष्ठ उपाय

संक्षेप में कहें तो मूल मन्त्र एक ही है-कि सर्वोच्च न्यायालय के 22 सितम्बर 2006 के विषयगत निर्णय में दिये गए निर्देशों का अक्षरशः पालन किया जाए, बिना किसी छेड़ छाड़ के। समस्त भारत में एक ही पुलिस एक्ट हो अर्थात नेशनल पुलिस कमीशन द्वारा प्रस्तावित माडल पुलिस एक्ट ही स्वीकृत किया जाऐ। सर्वोच्च न्यायालय के निर्देशानुसार राष्ट्रीय सुरक्षा आयोग और राज्य सुरक्षा आयोग का गठन किया जाए।

इसके अतिरिक्त निम्न भी आवश्यक होगाः-

1. सुरक्षा आयोगो को संवैधानिक अधिकार प्राप्त हों।
2. सुरक्षा आयोगो का विकेन्द्रित प्रतिनिधित्व निम्नतम स्तर तक थाना स्तर तक, हो जापान की तरह।
3. सुरक्षा आयोगो की नियमावली राष्टी्य स्तर पर राष्ट्पति द्वारा स्वीकृत हो।
4. सुरक्षा आयोगो में यदि परिवर्तन की आवश्यकता भविष्य में हो तो वह लोक सभा/विधान सभा द्वारा दो तिहाई बहुमत से ही हो पाऐ और वह विधान की तरह स्वीकृत हो । चुनाव आयोग की तरह ही सशक्त हो।

यदि कठोरता नही रखी गई तो राजनेताओं के दबाव और नौकरशाहों की महत्वाकांक्षा के अधीन कुछ भी सुधार अभियान स्थाई नही रह पाऐगा।

इसके नम्नि मुख्य परणिाम होगें:-

1. पुलिस के उच्च स्तर के अधिकारियों पर अनुचित और अनावश्यक राजनैतिक दबाव समाप्त होगें।
2. प्रोन्नति एंव तैनाती का राजनीतिकरण समाप्त होगा।
3. पुलिस विभाग की स्वतंत्रता बढ़ेगी, जिम्मेदारी बढ़ेगी और नियन्त्रण व्यवस्था के अधीन होगा।
4. पुलिस का सम्मान बढ़ेगा, राजकीय कोष बढ़ेगा, पुलिस का बजट बढ़ेगा और जीवन शैली में विकास होगा।
5. अन्य विभागों के, राजनैतिकों के,और दंबगो के अपराध एवं भ्रष्टाचार पर रोक लगेगी।
6. सभी विभागों के अधीन निर्माण कार्यो में गुणवत्ता आयेगी।

यदि जापान का माडल अपनाऐ तो और बेहतर

इससे भी बेहतर उपाय होगा यदि हम ऐसा साहस कर सकें कि जापान का पुलिस माडल ज्यों का त्यों भारत में लें आऐ। इस माडल में पुलिस की स्वतंत्रता, प्रजातांत्रिक नियन्त्रण, निगरानी, जनता के विचारों और प्रतिक्रियाओं की अभिव्यक्ति और विश्व स्तरीय तकनीक, सभी का समावेश है।

पिछले 40 वर्षो से हम केवल विचार विमर्श ही कर रहे हैं, परन्तु मूल सुधार जो वांछित है उसको जानकर भी नही कर रहे हैं। श्रेष्ठ व्यवस्था आने वाले वर्षों में स्वयं को उत्तरोत्तर शुद्‌ध करने में समर्थ होगी। एक बार श्रेष्ठ व्यवस्था लागू होने पर व्यक्तिगत चरित्र विकास भी स्वतः विकसित होगा।

क्या राष्ट्रहित में कोई दिव्य शक्ति इस एक सूत्र में होने वाले राष्ट्र कल्याण का कार्य करने के लिए हमारे राजनेताओं को प्रेरित करेगी? या फिर किसी जन क्रान्ति की प्रतीक्षा की जाएगी?

Appendix - 1

Brief description of the indexes, Global peace index, Democracy index and the Economic freedom index:-

The Institute for Economics and Peace produces the Global Peace Index

Global Peace Index (GPI) measures the relative position of nations' and regions' peacefulness. The GPI ranks 163 independent states and territories according to their levels of peacefulness.

The GPI is a report produced by the Institute for Economics and Peace (IEP) and developed in consultation with an international panel of peace experts from peace institutes and think tanks with data collected and collated by the Economist Intelligence Unit. The Index was first launched in May 2007, with subsequent reports being released annually. It is claimed to be the first study to rank countries around the world according to their peacefulness. In 2017 it ranked 163, up from 121 in 2007. In the past decade, the GPI has presented trends of increased global violence and less peacefulness. The study is the brainchild of Australian technology entrepreneur Steve Killelea, founder of Integrated Research, and is endorsed by individuals such as former UN Secretary-General Kofi Annan, the Dalai Lama, archbishop Desmond Tutu, former President of Finland and 2008 Nobel Peace Prize laureate Martti Ahtisaari, Nobel laureate Muhammad Yunus, economist Jeffrey Sachs, former President of Ireland Mary Robinson, former Deputy Secretary-General of the United Nations Jan Eliasson and former United States President Jimmy Carter. The updated index is released each year at events in London, Washington, DC; and at the United Nations Secretariat in New York between many others.

The GPI gauges global peace using three broad themes: the level of societal safety and security, the extent of ongoing domestic and international conflicts and the degree of militarization. Factors are both internal such as levels of violence and crime within the country and external such as military expenditure and wars.

The 2017 GPI indicates Iceland, New Zealand, Portugal, Austria, and Denmark to be the most peaceful countries, and Syria, Afghanistan, Iraq, South Sudan, and Yemen to be the least peaceful. Long-term findings of the 2017 GPI include a less peaceful world over the past decade, a 2.14 per cent deterioration in the global level of peace in the past decade, growing inequality in peace between the most and least peaceful countries, a long-term reduction in the GPI Militarization domain, and a widening impact of terrorism, with historically high numbers of people killed in terrorist incidents over the past 5 years .

The Democracy Index is an index compiled by the UK-based company the Economist Intelligence Unit(EIU) that intends to measure the state of democracy in 167 countries, of which 166 are sovereign states and 164 are UN member states.

The index was first produced in 2006, with updates for 2008, 2010 and the following years since then. The index is based on 60 indicators grouped in five different categories measuring pluralism, civil liberties and political culture. In addition to a numeric score and a ranking, the index categorises countries as one of four regime types: *full democracies*, *flawed democracies*, *hybrid regimes* and *authoritarian regimes*.

The ***Index of Economic Freedom*** is an annual index and ranking created in 1995 by The Heritage Foundation and *The Wall Street Journal* to measure the degree of economic freedom in the world›s nations. The creators of the index took an approach similar to Adam Smith's in *The Wealth of Nations*, that "basic institutions that protect the liberty of individuals to pursue their own economic interests result in greater prosperity for the larger society"

Appendix - 2

Rising pendency of cases in the courts

Former Chief Justice of supreme court Deepak Misra sounded the alarm on rising pendency at a time when the situation is almost getting out of hand with the backlog touching 3.3 crore cases.

While 2.84 crore cases are pending in the subordinate courts, the backlog clogging the High Courts and Supreme Court (SC) is 43 lakh and 57,987 cases, respectively.

According to National Judicial Data Grid (NJDG), the five states which account for the highest pendency are Uttar Pradesh (61.58 lakh), Maharashtra (33.22 lakh), West Bengal (17.59 lakh), Bihar (16.58 lakh) and Gujarat (16.45 lakh).

The CJI was particularly concerned as large number of undertrials languishe in jails across the country as they don't get bail and many even spend more than their sentence once they are convicted.

Of all the pending cases, 60% are more than two years old, while 40% are more than five years old.

In the Supreme Court, more than 30% of pending cases are more than five years old.

In the Allahabad High Court, 15% of the appeals have been pending since 1980s, while in the MP High Court, 70,000 have mounted since 1994.

Appendix - 3

The National Human Rights Commission in its report dated 31st May, 2002, inter alia, noted that:

"Police Reform:

28(i) The Commission drew attention in its 1st April 2002 proceedings to the need to act decisively on the deeper question of Police Reform, on which recommendations of the National Police Commission (NPC) and of the National Human Rights Commission have been pending despite efforts to have them acted upon.

The Commission added that recent events in Gujarat and, indeed, in other States of the country, underlined the need to proceed without delay to implement the reforms that have already been recommended in order to preserve the integrity of the investigating process and to insulate it from 'extraneous influences'.

Appendix - 4

List of countries by intentional homicide rate

	Country	Rate (homicide rate/lac inhabitants)	Count (number of homicide/ year)	Year listed
1	United states of America	5.35	17250	2016
2	Hong Kong	0.38	28	2016
3	Japan	0.28	362	2016
4	Singapore	0.32	18	2016
5	Afghanistan	6.35	1948	2012
6	Bangladesh	2.50	4035	2015
7	Bhutan	1.13	9	2016
8	India	3.22	42678	2016
9	Nepal	2.16	627	2016
10	Pakistan	4.41	8516	2016
11	Sri Lanka	2.55	530	2016
12	Iceland	0.30	1	2016

	Country	Rate (homicide rate/lac inhabitants)	Count (number of homicide/ year)	Year listed
13	United kingdom	1.20	791	2016
14	France	1.23	792	2016
15	Australia	0.94	227	2016
16	New Zealand	0.99	45	2014

Data from United Nations office on drugs and crime (UNODC) - Report

Appendix - 5

Global Peace Index

Country	2018 rank	2018 score	2017 rank	2017 score	2016 rank	2016 score	2011 rank	2011 score
Iceland	1	1.096	1	1.111	1	1.192	1	1.148
New Zealand	2	1.192	2	1.241	4	1.287	2	1.279
Canada	6	1.372	8	1.371	8	1.388	8	1.320
Japan	9	1.391	10	1.408	9	1.395	3	1.287
United Arab Emirates	45	1.820	65	1.944	61	1.931	33	1.690
United Kingdom	57	1.876	41	1.786	47	1.830	39	1.685
France	61	1.909	51	1.839	46	1.829	45	1.742
Sri Lanka	67	1.954	80	2.019	97	2.133	114	2.188
Nepal	84=	2.053	93	2.08	78	2.026	62	2.026
Bangladesh	93	2.084	84	2.035	83	2.045	84	1.997
China	112	2.243	116	2.242	120	2.288	124	2.267
United states	121	2.300	114	2.232	103	2.154	94	2.038
India	136	2.504	137	2.541	141	2.566	143	2.504
North Korea	150	2.950	150	2.967	150	2.944	153	2.977
Pakistan	151	3.079	152	3.058	153	3.145	154	3.049

Country	2018 rank	2018 score	2017 rank	2017 score	2016 rank	2016 score	2011 rank	2011 score
Russia	154	3.160	151	3.047	151	3.079	152	2.954
Syria	163	3.600	163	3.806	162	3.645	162	3.650

The Institute for Economics and Peace produces the global peace index. The updated index is released each year at events in London, Washington, DC; and at the United Nations Secretariat in New York among many others.

Appendix - 6

Democracy Index by country 2017

Rank	Country	Score	Electoral process and pluralism	Functioning of government	Political participation	Political culture	Civil liberties	Category
1	Norway	9.87	10.00	9.64	10.00	10.00	9.71	Full democracy
4	New Zealand	9.26	10.00	9.29	8.89	8.13	10.00	Full democracy
8	Australia	9.09	10.00	8.93	7.78	8.75	10.00	Full democracy
13	Germany	8.61	9.58	8.21	8.33	7.50	9.41	Full democracy
14	United kingdom	8.53	9.58	7.50	8.33	8.13	9.12	Full democracy
15	Austria	8.42	9.58	8.21	8.33	6.88	9.12	Full democracy

Rank	Country	Score	Electoral process and pluralism	Functioning of government	Political participation	Political culture	Civil liberties	Category
20	South Korea	8.00	9.17	7.89	7.22	7.50	8.24	Full democracy
21	United States	7.98	9.17	7.14	7.22	8.13	8.24	Full democracy
21	Italy	7.98	9.58	6.43	7.22	8.13	8.53	Full democracy
23	Japan	7.88	8.75	8.21	6.11	7.50	8.82	Full democracy
29	France	7.80	9.58	7.50	7.78	5.63	8.53	Flawed democracy
30	Israel	7.79	9.17	7.50	8.89	7.50	5.88	Flawed democracy
42	India	7.23	9.17	6.97	7.22	5.63	7.35	Flawed democracy
63	Sri Lanka	6.48	7.83	7.14	5.00	6.25	6.18	Flawed democracy
69	Singapore	6.32	4.33	7.86	6.11	6.25	7.06	Flawed democracy
92	Bangladesh	5.43	7.42	5.07	5.00	4.38	5.29	Hybrid regime
94	Nepal	5.18	4.33	5.36	5.00	5.63	5.29	Hybrid regime

Rank	Country	Score	Electoral process and pluralism	Functioning of government	Political participation	Political culture	Civil liberties	Category
110	Pakistan	4.26	6.50	5.36	2.22	2.50	4.71	Hybrid regime
135	Russia	3.17	2.17	1.79	5.00	2.50	4.41	Authoritarian
139	China(PRC)	3.10	0.00	5.00	27.8	6.25	1.47	Authoritarian
147	United Arab	2.69	0.00	3.57	22.2	5.00	2.65	Authoritarian
149	Afghanistan	2.55	2.50	1.14	2.78	2.50	3.82	Authoritarian
150	Iran	2.45	0.00	3.21	4.44	3.13	1.47	Authoritarian
166	Syria	1.43	0.00	0.00	2.78	4.38	0.00	Authoritarian
167	North Korea	1.08	0.00	2.50	1.67	1.25	0.00	Authoritarian

Index compiled by the UK based company the Economist Intelligence Unit (EIU) that intends to measure the state of democracy in 167 countries.

Appendix - 7

Economic Freedom Index 2017*

Country	2017 score	Property Rights	Judicial Strength	Gov't integrity	Tax burden	Gov't Spending	Fiscal Health	Business freedom	Labor freedom	Monetary Freedom	Trade freedom	Investmet freedom	Financial freedom
Brazil	52.9	55.0	49.7	30.4	70.1	53.1	22.8	61.3	52.3	67.0	69.4	50	50
China	57.4	48.3	60.7	41.6	70.0	73.0	92.5	53.9	63.4	71.8	73.6	20	20
Germany	73.8	82.9	79.5	77.7	61.9	41.4	89.9	86.6	42.8	85.9	87.0	80	70
India	52.6	55.4	44.4	44.3	77.2	77.4	11.0	52.8	41.6	75.0	72.6	40	40
Japan	69.6	89.4	73.3	86.1	68.5	52.3	9.5	82.3	77.5	83.0	82.6	70	60
Malaysia	73.8	85.3	67.3	51.8	85.3	78.7	76.5	90.8	73.1	85.3	81.2	60	50
Nepal	55.1	37.3	32.0	26.7	34.9	89.5	98.4	64.6	47.6	72.2	68.1	10	30

Pakistan	52.8	36.4	34.1	30.5	78.9	87.3	30.8	61.2	37.8	74.8	67.2	55.0	40
Singapore	88.6	97.1	91.5	87.9	90.5	90.1	80.7	95.1	90.8	84.3	90.0	85	80
United kingdom	76.4	93.8	93.0	78.3	65.1	41.9	40.4	89.9	72.8	85.0	87.0	90	80
United states	75.1	81.3	75.1	78.1	65.3	55.9	53.3	84.4	91.0	80.1	87.1	80	70
Bangladsh	55.0	34.9	26.0	19.1	72.8	94.0	78.7	53.4	68.7	68.6	63.6	50	30

*By the wall Street Journal/Heritage Foundation serway.

Appendix - 8

Case reported & Rate of Total Cognizable Crimes Under Indian Penal Code (IPC) And Special & Local Laws (SLL) During 2005-2015

S NO.	YEAR	Mid-Year Projected Population (in lakhs)+	Cases Reported			Rate			Percentage of IPC Crimes to Total Cognizable Crimes
			IPC	SLL	Total	IPC	SLL	Total	
1	2	3	4	5	6	7	8	9	10
1	2005	11027.9	2E+06	3203735	5026337	165.3	290.5	455.8	36.3
2	2008	11531.3	2E+06	3844725	5938104	181.5	333.5	515	35.3
3	2011#	12101.9	2E+06	3927154	6252729	192.2	324.5	516.7	37.2
4	2015	12591.1	3E+06	4376699	7326099	234.2	347.6	581.8	40.3

Case reported & Rate of Total Cognizable Crimes Under Indian Penal Code (IPC) And Special & Local Laws (SLL) During 2005-2015

S NO.	YEAR	Mid-Year Projected Population (in lakhs)+	Cases Reported			Rate			Percentage of IPC Crimes to Total Cognizable Crimes
			IPC	SLL	Total	IPC	SLL	Total	
1	2	3	4	5	6	7	8	9	10
	Percentage change in 2015 over 2005	14.17	61.82	36.61	45.75	41.68	19.66	27.64	11.02
	Compounded Growth Rate Per Annum	1.3	4.9	2.5	3.4	3.5	1.2	2	1.5

'+' Source: Registrar General/Population Census, 2011

'#' Actual Population as per the Population Census, 2011

Rate = Cases Reported per 1,00,000 of Population

Appendix - 9

(Abstract copy)

Supreme court judgement regarding police reforms dated 22/09/2006

CASE NO.: Writ Petition (civil) 310 of 1996

PETITIONER: Prakash Singh and ors

RESPONDENT:Union of India and Ors

BENCH:

Y.K. Sabharwal, C.K. Thakker &

P.K. Balasubramanyan

Y.K.Sabharwal CJI

Considering the far reaching changes that had taken place in the country after the enactment of the Indian Police Act, 1861 and absence of any comprehensive review at the national level of the police system after independence despite radical changes in the political, social and economic situation in the country, the Government of India, on 15th November, 1977, appointed a National Police Commission (hereinafter referred to ' as 'the

Commission'). The commission was appointed for fresh examination of the role and performance of the police both as a law enforcing agency and as an institution to protect the rights of the citizens enshrined in the Constitution.

The terms and reference of the Commission were wide ranging. The terms of reference, inter alia, required the Commission to redefine the role, duties, powers and responsibilities of the police with special reference to prevention and control of crime and maintenance of public order, evaluate the performance of the system, identify the basic weaknesses or inadequacies, examine if any changes necessary in the method of administration, disciplinary control and accountability, inquire into the system of investigation and prosecution, the reasons for delay and failure and suggest how the system may be modified or changed and made efficient, scientific and consistent with human dignity, examine the nature and extent of the special responsibilities of the police towards the weaker sections of the community and suggest steps and to ensure prompt action on their complaints for the safeguard of their rights and interests. The Commission was required to recommend measures and institutional arrangements to prevent misuse of powers by the police, by administrative or executive instructions, political or other pressures or oral orders of any type, which are contrary to law, for the quick and impartial inquiry of public complaints made against the police about any misuse of police powers. The Chairman of the Commission was a renowned and highly reputed former Governor. A retired High Court Judge, two former Inspector Generals of Police and a Professor of TATA Institute of Special Sciences were members with the Director CBI as a full time Member Secretary.

The Commission examined all issues in depth, in period of about three and a half years during which it conducted extensive exercise through analytical studies and research of variety of steps combined with an assessment and appreciation of actual field conditions. Various study groups comprising of prominent public men, Senior Administrators, Police Officers and eminent academicians were set up. Various seminars held, research studies conducted, meetings and discussions held with the Governors, Chief Ministers, Inspector Generals of Police, State Inspector Generals of Police and Heads of Police organizations.

The Commission submitted its first report in February 1979, second in August 1979, three reports each in the years 1980 and 1981 including the final report in May 1981.

In its first report, the Commission first dealt with the modalities for inquiry into complaints of police misconduct in a manner which will carry credibility and satisfaction to the public regarding their fairness and impartiality and rectification of serious deficiencies which militate against their functioning efficiently to public satisfaction and advised the Government for expeditious examination of recommendations for immediate implementation. The Commission observed that increasing crime, rising population, growing pressure of living accommodation, particularly, in urban areas, violent outbursts in the wake of demonstrations and agitations arising from labour disputes, the agrarian unrest, problems and difficulties of students, political activities including the cult of extremists, enforcement of economic and social legislation etc. have all added new dimensions to police tasks in the country and tended to bring the police in confrontation with the public much more frequently than ever before. The basic and fundamental problem regarding police taken note of was as to how to make them functional as an efficient and impartial law enforcement agency fully motivated and guided by the objectives of service to the public at large, upholding the constitutional rights and liberty of the people. Various recommendations were made.

In the second report, it was noticed that the crux of the police reform is to secure professional independence for the police to function truly and efficiently as an impartial agent of the law of the land and, at the same time, to enable the Government to oversee the police performance to ensure its conformity to the law. A supervisory mechanism without scope for illegal, irregular or mala fide interference with police functions has to be devised. It was earnestly hoped that the Government would examine and publish the report expeditiously so that the process for implementation of various recommendations made therein could start right away. The report, inter alia, noticed the phenomenon of frequent and indiscriminate transfers ordered on political considerations as also other unhealthy influences and pressures brought to bear on police and, inter alia, recommended for the Chief of Police in a State, statutory tenure of office by including it in a specific provision in the Police Act itself and also recommended the preparation of a panel of IPS officers for posting as Chiefs of Police in States. The report also recommended the constitution of

Statutory Commission in each State the function of which shall include laying down broad policy guidelines and directions for the performance of preventive task and service oriented functions by the police and also functioning as a forum of appeal for disposing of representations from any Police Officer of the rank of Superintendent of Police and above, regarding his being subjected to illegal or irregular orders in the performance of his duties.

With the 8th and final report, certain basic reforms for the effective functioning of the police to enable it to promote the dynamic role of law and to render impartial service to the people were recommended and a draft new Police Act incorporating the recommendations was annexed as an appendix.

When the recommendations of National Police Commission were not implemented, for whatever reasons or compulsions, and they met the same fate as the recommendations of many other Commissions, this petition under Article 32 of the Constitution of India was filed about 10 years back, inter alia, praying for issue of directions to Government of India to frame a new Police Act on the lines of the model Act drafted by the Commission in order to ensure that the police is made accountable essentially and primarily to the law of the land and the people. The first writ petitioner is known for his outstanding contribution as a Police Officer and in recognition of his outstanding contribution, he was awarded the "Padma Shri" in 1991. He is a retired officer of Indian Police Service and served in various States for three and a half decades. He was Director General of Police of Assam and Uttar Pradesh besides the Border Security Force. The second petitioner also held various high positions in police. The third petitioner Common cause is an organization which has brought before this Court and High Courts various issues of public interest.

The first two petitioners have personal knowledge of the working of the police and also problems of the people.

It has been averred in the petition that the violation of fundamental and human rights of the citizens are generally in the nature of non-enforcement and discriminatory application of the laws so that those having clout are not held accountable even for blatant violations of laws and, in any case, not brought to justice for the direct violations of the rights of citizens in the form of unauthorized detentions, torture, harassment, fabrication of evidence, malicious prosecutions etc.

The petition sets out certain glaring examples of police inaction. According to the petitioners, the present distortions and aberrations in the functioning of the police have their roots in the Police Act of 1861, structure and organization of police having basically remained unchanged all these years.

The petition sets out the historical background giving reasons why the police functioning has caused so much disenchantment and dissatisfaction. It also sets out recommendations of various Committees which were never implemented. Since the misuse and abuse of police has reduced it to the status of a mere tool in the hands of unscrupulous masters and in the process, it has caused serious violations of the rights of the people, it is contended that there is immediate need to re-define the scope and functions of police, and provide for its accountability to the law of the land, and implement the core recommendations of the National Police Commission. The petition refers to a research paper 'Political and Administrative Manipulation of the Police' published in 1979 by Bureau of Police Research and Development, warning that excessive control of the political executive and its principal advisers over the police has the inherent danger of making the police a tool for subverting the process of law, promoting the growth of authoritarianism, and shaking the very foundations of democracy.

The commitment, devotion and accountability of the police has to be only to the Rule of Law. The supervision and control has to be such that it ensures that the police serve the people without any regard, whatsoever, to the status and position of any person while investigating a crime or taking preventive measures. Its approach has to be service oriented, its role has to be defined so that in appropriate cases, where on account of acts of omission and commission of police, the Rule of Law becomes a casualty, the guilty Police Officers are brought to book and appropriate action taken without any delay.

The petitioners seek that Union of India be directed to re-define the role and functions of the police and frame a new Police Act on the lines of the model Act drafted by the National Police Commission in order to ensure that the police is made accountable essentially and primarily to the law of the land and the people. Directions are also sought against the Union of India and State Governments to constitute various Commissions and Boards laying down the policies and ensuring that police perform their duties and functions free from any pressure and also for separation of investigation work from that of law and order.

The notice of the petition has also been served on State Governments and Union Territories. We have heard Mr. Prashant Bhushan for the petitioners, Mr. G.E. Vahanvati, learned Solicitor General for the Union of India, Ms. Indu Malhotra for the National Human Rights Commission and Ms. Swati Mehta for the Common Welfare Initiatives. For most of the State Governments/ Union Territories oral submissions were not made. None of the State Governments/Union Territories urged that any of the suggestions put forth by the petitioners and Solicitor General of India may not be accepted.

Besides the report submitted to the Government of India by National Police Commission (1977-81), various other high powered Committees and Commissions have examined the issue of police reforms, viz. (i) National Human Rights Commission (ii) Law Commission (iii) Ribeiro Committee (iv) Padmanabhaiah Committee and (v) Malimath Committee on Reforms of Criminal Justice System.

In addition to above, the Government of India in terms of Office Memorandum dated 20th September, 2005 constituted a Committee comprising Shri Soli Sorabjee, former Attorney General and five others to draft a new Police Act in view of the changing role of police due to various socio-economic and political changes which have taken place in the country and the challenges posed by modern day global terrorism, extremism, rapid urbanization as well as fast evolving aspirations of a modern democratic society. The Sorabjee Committee has prepared a draft outline for a new Police Act (9th September, 2006).

About one decade back, viz. on 3rd August, 1997 a letter was sent by a Union Home Minister to the State Governments revealing a distressing situation and expressing the view that if the Rule of Law has to prevail, it must be cured.

Despite strong expression of opinions by various Commissions, Committees and even a Home Minister of the country, the position has not improved as these opinions have remained only on paper, without any action. In fact, the position has deteriorated further. The National Human Rights Commission in its report dated 31st May, 2002, inter alia, noted that:

Police Reform:

28(i) The Commission drew attention in its 1st April 2002 proceedings to the need to act decisively on the deeper question of Police Reform, on which recommendations of the National Police Commission (NPC) and of the National Human Rights Commission have been pending despite efforts to have them acted upon. The Commission added that recent event in Gujarat and, indeed, in other States of the country, underlined the need to proceed without delay to implement the reforms that have already been recommended in order to preserve the integrity of the investigating process and to insulate it from 'extraneous influences'.

In the above noted letter dated 3rd April, 1997 sent to all the State Governments, the Home Minister while echoing the overall popular perception that there has been a general fall in the performance of the police as also a deterioration in the policing system as a whole in the country, expressed that time had come to rise above limited perceptions to bring about some drastic changes in the shape of reforms and restructuring of the police before the country is overtaken by unhealthy developments. It was expressed that the popular perception all over the country appears to be that many of the deficiencies in the functioning of the police had arisen largely due to an overdose of unhealthy and petty political interference at various levels starting from transfer and posting of policemen of different ranks, misuse of police for partisan purposes and political patronage quite often extended to corrupt police personnel. The Union Home Minister expressed the view that rising above narrow and partisan considerations, it is of great national importance to insulate the police from the growing tendency of partisan or political interference in the discharge of its lawful functions of prevention and control of crime including investigation of cases and maintenance of public order.

Besides the Home Minister, all the Commissions and Committees above noted, have broadly come to the same conclusion on the issue of urgent need for police reforms. There is convergence of views on the need to have (a) State Security Commission at State level; (b) transparent procedure for the appointment of Police Chief and the desirability of giving him a minimum fixed tenure; (c) separation of investigation work from law and order; and (d) a new Police Act which should reflect the democratic aspirations of the people. It has been contended that a statutory State Security Commission with its recommendations binding on the Government should have been established long before. The apprehension expressed is that any Commission without giving its report binding effect would be ineffective.

More than 25 years back i.e. in August 1979, the Police Commission Report recommended that the investigation task should be beyond any kind of intervention by the executive or non-executive.

For separation of investigation work from law and order even the Law Commission of India in its 154th Report had recommended such separation to ensure speedier investigation, better expertise and improved rapport with the people without of-course any water tight compartmentalization in view of both functions being closely interrelated at the ground level.

The Sorabjee Committee has also recommended establishment of a State Bureau of Criminal Investigation by the State Governments under the charge of a Director who shall report to the Director General of Police.

In most of the reports, for appointment and posting, constitution of a Police Establishment Board has been recommended comprising of the Director General of Police of the State and four other senior officers. It has been further recommended that there should be a Public Complaints Authority at district level to examine the complaints from the public on police excesses, arbitrary arrests and detentions, false

Implications in criminal cases, custodial violence etc. and for making necessary recommendations.

Undoubtedly and undisputedly, the Commission did commendable work and after in depth study, made very useful recommendations. After waiting for nearly 15 years, this petition was filed. More than ten years have elapsed since this petition was filed. Even during this period, on more or less similar lines, recommendations for police reforms have been made by other high powered committees as above noticed. The Sorabjee Committee has also prepared a draft report. We have no doubt that the said Committee would also make very useful recommendations and come out with a model new Police Act for consideration of the Central and the State Governments. We have also no doubt that Sorabjee Committee Report and the new Act will receive due attention of the Central Government which may recommend to the State Governments to consider passing of State Acts on the suggested lines. We expect that the State Governments would give it due consideration and would pass suitable legislations on recommended lines, the police being a State subject under the Constitution of India. The question, however, is whether this Court should further wait for Governments to take suitable steps for police reforms. The answer has to be in the negative.

Having regard to (i) the gravity of the problem; (ii) the urgent need for preservation and strengthening of Rule of Law; (iii) pendency of even this petition for last over ten years; (iv) the fact that various Commissions and Committees have made recommendations on similar lines for introducing reforms in the police set-up in the country; and (v) total uncertainty as to when police reforms would be introduced, we think that there cannot be any further wait, and the stage has come for issue of appropriate directions for immediate compliance so as to be operative till such time a new model Police Act is prepared by the Central Government and/or the State Governments pass the requisite legislations. It may further be noted that the quality of Criminal Justice System in the country, to a large extent, depends upon the working of the police force. Thus, having regard to the larger public interest, it is absolutely necessary to issue the requisite directions. Nearly ten years back, in Vineet Narain & Ors. v. Union of India & Anr. [(1998) 1 SCC 226], this Court noticed the urgent need for the State Governments to set up the requisite mechanism and directed the Central Government to pursue the matter of police reforms with the State Governments and ensure the setting up of a mechanism for selection/appointment, tenure, transfer and posting of not merely the Chief of the State Police but also all police officers of the rank of Superintendents of Police and above. The Court expressed its shock that in some States the tenure of a Superintendent of Police is for a few months and transfers are made for whimsical reasons which has not only demoralizing effect on the police force but is also alien to the envisaged constitutional machinery. It was observed that apart from demoralizing the police force, it has also the adverse effect of politicizing the personnel and, therefore, it is essential that prompt measures are taken by the Central Government.

The Court then observed that no action within the constitutional scheme found necessary to remedy the situation is too stringent in these circumstances.

More than four years have also lapsed since the report above noted was submitted by the National Human Rights commission to the Government of India.

The preparation of a model Police Act by the Central Government and enactment of new Police Acts by State Governments providing therein for the composition of State Security Commission are things, we can only hope for the present. Similarly, we can only express our hope that all State Governments would rise to the occasion and enact a new Police Act wholly insulating the police from any pressure whatsoever thereby placing in position an important measure for securing the rights of the citizens under the Constitution for the Rule of Law, treating everyone equal and being partisan to none, which will also help in securing an efficient and better criminal justice delivery system. It is not possible or proper to leave this matter only with an expression of this hope and to await developments further. It is essential to lay down guidelines to be operative till the new legislation is enacted by the State Governments.

Article 32 read with Article 142 of the Constitution empowers this Court to issue such directions, as may be necessary for doing complete justice in any cause or matter. All authorities are mandated by Article 144 to act in aid of the orders passed by this Court. The decision in Vineet

Narain's case (supra) notes various decisions of this Court where guidelines and directions to be observed were issued in absence of legislation and implemented till legislatures pass appropriate legislations.

With the assistance of learned counsel for the parties, we have perused the various reports. In discharge of our constitutional duties and obligations having regard to the aforenoted position, we issue the following directions to the Central Government, State Governments and Union Territories for compliance till framing of the appropriate legislations:

1. State Security Commission

The State Governments are directed to constitute a State Security

Commission in every State to ensure that the State Government does not exercise unwarranted influence or pressure on the State police and for laying down the broad policy guidelines so that the State police always acts according to the laws of the land and the Constitution of the country. This watchdog body shall be headed by the Chief Minister or Home Minister as Chairman and have the DGP of the State as its ex-officio

Secretary. The other members of the Commission shall be chosen in such a manner that it is able to function independent of Government control. For this purpose, the State may choose any of the models recommended by the National Human Rights Commission, the Ribeiro Committee or the Sorabjee Committee, which are asunder:

NHRC	Ribeiro Committee	Sorabjee Committee
1. Chief Minister/HM as Chairman.	1. Minister i/c Police as Chairman	1. Minister i/c Police (ex-officio Chairperson)
2. Lok Ayukta or, in his absence, a retired Judge of High Court to be nominated by Chief Justice or a Member of State Human Rights Commission	2. Leader of Opposition.	2. Leader of Opposition.

NHRC	Ribeiro Committee	Sorabjee Committee
3. A sitting or retired Judge nominated by Chief Justice of High Court.	3. Judge, sitting or retired, nominated by Chief Justice of High Court.	3. Chief Secretary
4. Chief Secretary	4. Chief Secretary	4. DGP (ex-officio Secretary)
5. Leader of Opposition in Lower House.	5. Three non-political Citizens of proven merit and integrity.	5. Five independent Members.
6. DGP as ex-officio Secretary.	6. DG Police as Secretary.	

The recommendations of this Commission shall be binding on the State Government.

The functions of the State Security Commission would include laying down the broad policies and giving directions for the performance of the preventive tasks and service oriented functions of the police, evaluation of the performance of the State police and preparing a report thereon for being placed before the State legislature.

2. Selection and Minimum Tenure of DGP:

The Director General of Police of the State shall be selected by the State Government from amongst the three senior-most officers of the Department who have been empanelled for promotion to that rank by the Union Public Service Commission on the basis of their length of service, very good record and range of experience for heading the police force. And, once he has been selected for the job, he should have a minimum tenure of at least two years irrespective of his date of superannuation. The DGP may, however, be relieved of his responsibilities by the State Government acting in consultation with the State Security Commission consequent upon any action taken against him under the All India Services (Discipline and Appeal) Rules or following his conviction in a court of law in a criminal offence or in a case of corruption, or if he is otherwise incapacitated from discharging his duties.

3. Minimum Tenure of I.G. of Police & other officers:

Police Officers on operational duties in the field like the Inspector General of Police in-charge Zone, Deputy Inspector General of Police in-charge Range, Superintendent of Police in-charge district and Station House Officer in-charge of a Police Station shall also have a prescribed minimum tenure of two years unless it is found necessary to remove them prematurely following disciplinary proceedings against them or their conviction in a criminal offence or in a case of corruption or if the incumbent is otherwise incapacitated from discharging his responsibilities. This would be subject to promotion and retirement of the officer.

4. Separation of Investigation:

The investigating police shall be separated from the law and order police to ensure speedier investigation, better expertise and improved rapport with the people. It must, however, be ensured that there is full coordination between the two wings. The separation, to start with, may be effected in towns/urban areas which have a population of ten lakhs or more, and gradually extended to smaller towns/urban areas also.

5. Police Establishment Board:

There shall be a Police Establishment Board in each State which shall decide all transfers, postings, promotions and other service related matters of officers of and below the rank of Deputy Superintendent of Police. The Establishment Board shall be a departmental body comprising the Director General of Police and four other senior officers of the Department. The State Government may interfere with decision of the Board in exceptional cases only after recording its reasons for doing so. The Board shall also be authorized to make appropriate recommendations to the State Government regarding the posting and transfers of officers of and above the rank of Superintendent of Police, and the Government is expected to give due weight to these recommendations and shall normally accept it. It shall also function as a forum of appeal for disposing of representations from officers of the rank of Superintendent of Police and above regarding their promotion/transfer/ disciplinary proceedings or their being subjected to illegal or irregular orders and generally reviewing the functioning of the police in the State.

6. Police Complaints Authority:

There shall be a Police Complaints Authority at the district level to look into complaints against police officers of and up to the rank of Deputy Superintendent of Police Similarly, there should be another Police Complaints Authority at the State level to look into complaints against officers of the rank of Superintendent of Police and above. The district level Authority may be headed by a retired District Judge while the State level Authority may be headed by a retired Judge of the High Court/ Supreme Court. The head of the State level Complaints Authority shall be chosen by the State Government out of a panel of names proposed by the Chief Justice; the head of the district level Complaints Authority may also be chosen out of a panel of names proposed by the Chief Justice or a Judge of the High Court nominated by him. These Authorities may be assisted by three to five members depending upon the volume of complaints in different States/districts, and they shall be selected by the State Government from a panel prepared by the State Human Rights Commission/Lok Ayukta/State Public Service Commission. The panel may include members from amongst retired civil servants, police officers or officers from any other department, or from the civil society. They would work whole time for the Authority and would have to be suitably remunerated for the services rendered by them. The Authority may also need the services of regular staff to conduct field inquiries. For this purpose, they may utilize the services of retired investigators from the CID, Intelligence, Vigilance or any other organization. The State level Complaints Authority would take cognizance of only allegations of serious misconduct by the police personnel, which would include incidents involving death, grievous hurt or rape in police custody. The district level Complaints Authority would, apart from above cases, may also inquire into allegations of extortion, land/house grabbing or any incident involving serious abuse of authority. The recommendations of the Complaints Authority, both at the district and State levels, for any action, departmental or criminal, against a delinquent police officer shall be binding on the concerned authority.

7. National Security Commission:

The Central Government shall also set up a National Security Commission at the Union level to prepare a panel for being placed before the appropriate Appointing Authority, for selection and placement of Chiefs of the Central Police Organisations (CPO), who/should also be given a minimum tenure of two years. The Commission would also review from time to time measures to upgrade the effectiveness of these forces, improve the service conditions of its personnel, ensure that there is proper coordination between them and that the forces are generally utilized for the purposes they were raised and make recommendations in that behalf. The National Security Commission could be headed by the Union Home Minister and comprise heads of the CPOs and a couple of security experts as members with the Union Home Secretary as its Secretary. The aforesaid directions shall be complied with by the Central Government, State Governments or Union Territories, as the case may be, on or before 31st December, 2006 so that the bodies afore-noted became operational on the onset of the new year. The Cabinet Secretary, Government of India and the Chief Secretaries of State Governments/Union Territories are directed to file affidavits of compliance by 3rd January, 2007.

Before parting, we may note another suggestion of Mr. Prashant Bhushan that directions be also issued for dealing with the cases arising out of threats emanating from international terrorism or organized crimes like drug trafficking, money laundering, smuggling of weapons from across the borders, counterfeiting of currency or the activities of mafia groups with trans-national links to be treated as measures taken for the defense of India as mentioned in Entry I of the Union List in the Seventh Schedule of the Constitution of India and as internal security measures as contemplated under Article 355 as these threats and activities aim at destabilizing the country and subverting the economy and thereby weakening its defense.

The suggestion is that the investigation of above cases involving inter-state or international ramifications deserves to be entrusted to the Central Bureau of Investigation. The suggestion, on the face of it, seems quite useful. But, unlike the aforesaid aspects which were extensively studied and examined by various experts and reports submitted and about which for that reason, we had no difficulty in issuing directions, there has not been much study or material before us, on the basis whereof we could safely issue the direction as suggested. For considering this suggestion, it is necessary to enlist the views of expert bodies. We, therefore, request the National Human Rights Commission, Sorabjee Committee and Bureau of Police Research and Development to examine the aforesaid suggestion of Mr. Bhushan and assist this Court by filing their considered views within four months. The Central Government is also directed to examine this suggestion and submit its views within that time.

Further suggestion regarding monitoring of the aforesaid directions that have been issued either by National Human Rights Commission or the Police Bureau would be considered on filing of compliance affidavits whereupon the matter shall be listed before the Court.

Appendix - 10

Abstract of main points from the model police act 2006, that are being violated by the state & central governments

Chapter V

Superintendence and Administration of Police

39. Superintendence of state police to vest in the State Government

(1) It shall be the responsibility of the State Government to ensure an efficient, effective, responsive and accountable Police Service for the entire state. For this purpose, the power of superintendence of the Police Service shall vest in and be exercised by the State Government in accordance with the provisions of this Act.

(2) The State Government shall exercise its superintendence over the police in such manner and to such an extent as to promote the professional efficiency of the police and ensure that its performance is at all times

in accordance with the law. This shall be achieved through laying down policies and guidelines, setting standards for quality policing, facilitating their implementation and ensuring that the police performs its task in a professional manner with functional autonomy.

40. Strategic Policing Plan and Annual Policing Plan

(1) The State Government shall:

    (a) in consultation with the State Police Board established under Section

41 of this chapter, draw up a Strategic Policing Plan for a five-year period (hereinafter referred to as the "Strategic Plan"), duly identifying the objectives of policing sought to be achieved during the period and setting out an action plan for their implementation;

    (b) place before the State Legislature, within three months of the coming into force of this Act, the Strategic Plan. Subsequent Strategic Plans shall, thereafter, be laid before the State Legislature every three years.

(c) place before the State Legislature, at the beginning of each financial year, a Progress Report on the implementation of the Strategic Plan as well as an Annual Policing Plan (Annual Plan for short) that prioritizes the goals of the Strategic Plan for the year in question.

(2) The Strategic and the Annual Plans shall be prepared after receiving inputs on the policing needs of the districts from the District Superintendents of Police who, in turn, shall formulate the same in consultation with the community.

(3) The Strategic Plan, the Progress Report and the Annual Plan shall be made readily accessible to the public.

41. State Police Board

The State Government shall, within six months of the coming into force of this Act, establish a State Police Board to exercise the functions assigned to it under the provisions of this Chapter.

42. Composition of the Board

(1) The State Police Board shall have as its members:

(a) the Home Minister as its Chairperson;

(b) the Leader of the Opposition in the State Assembly;

(c) a retired High Court Judge, nominated by the Chief Justice of the High Court;

(d) the Chief Secretary;

(e) the Secretary in charge of the Home Department;

(f) the Director General of Police as its Member-Secretary; and

(g) five non-political persons of proven reputation for integrity and competence (hereinafter referred to as "Independent Members") from the fields of academia, law, public administration, media or NGOs, to be appointed on the recommendation of the Selection Panel constituted under Section 43.

(2) The composition of the Board shall reflect adequate gender and minority representation, and will have not less than two women as members.

(3) No serving government employee shall be appointed as an Independent Member.

(4) Any vacancy in the State Police Board shall be filled up as soon as practicable, but not

later than three months after the seat has fallen vacant.

43. Composition of the panel for selection of Independent Members

Independent Members of the State Police Board shall be appointed on the recommendation of a Selection Panel, which shall consist of:

(a) a retired Chief Justice of a High Court as its Chairperson, to be nominated by the Chief Justice of the High Court;

(b) the Chairperson of the State Human Rights Commission, or in the absence of such Commission in the state, a person nominated by the

Chairperson of the National Human Rights Commission; and

(c) the Chairperson of the State Public Service Commission.

44. Method of selection

The Selection Panel shall evolve its own procedure to select Independent Members through a transparent process.

45. Grounds of ineligibility for Independent Members

No person shall be appointed as an Independent Member of the State Police Board if he:

(a) is not a citizen of India; or

(b) has been convicted by a court of law or against whom charges have been framed in a court of law; or

(c) has been dismissed or removed from service or compulsorily retired on the grounds of corruption or misconduct; or

(d) holds an elected office, including that of Member of Parliament or State Legislature or a local body, or is an office-bearer of any political party or any organisation connected with a political party; or

(e) is of unsound mind.

46. Term of office of Independent Members

A person shall be appointed as an Independent Member for a period of three years. The same person shall not be appointed for more than two consecutive terms.

47. Removal of Independent Members

(1) An Independent Member may be removed from the State Police Board by a two-thirds majority of members of the Board on any of the following grounds:

    (a) proven incompetence; or

    (b) proven misbehaviour; or

    (c) failure to attend three consecutive meetings of the State Police Board without sufficient cause; or

    (d) ncapacitation by reasons of physical or mental infirmity or otherwise becoming unable to discharge his functions as a member.

(2) In addition, an Independent Member shall be removed from the State Police Board if he incurs any of the grounds of ineligibility specified under Section 45.

(3) The State Police Board shall explicitly state in writing the grounds for such removal.

48. Functions of the State Police Board

The State Police Board shall perform the following functions:

(a) frame broad policy guidelines for promoting efficient, effective, responsive and accountable policing, in accordance with the law;

(b) prepare panels of police for the rank of Director General of Police against prescribed criteria with the provisions of Section 6 of Chapter II;

(c) identify performance indicators to evaluate the functioning of the Police Service. These indicators shall, *inter alia*, include: operational efficiency, public satisfaction, victim satisfaction vis-à-vis police investigation and response, accountability, optimum utilisation of resources, and observance of human rights standards; and

(e) in accordance with the provisions of Chapter XIII, review and evaluate organisational performance of the Police Service in the state as a whole as well as district-wise against (i) the Annual Plan, (ii) performance indicators as identified and laid down, and (iii) resources available with and constraints of the police.

49. Expenses of the State Police Board

The expenses on account of remuneration, allowances and travel in connection with official business of the State Police Board, in respect of the Independent Members of the Board shall be borne by the State Government.

50. Annual report of the State Police Board

(1) The Board shall, at the end of each year, present to the State Government a report on its work during the preceding year as well on the evaluation of performance of the Police Service, as provided for in Chapter XIII.

(2) The State Government shall lay the Annual Report before the State Legislature in the budget session. The Annual Report shall be made easily accessible to the public.

51. Administration of Police Service

(1) The administration of the Police Service throughout the state shall be vested in the Director General of Police and in such Additional Directors General, Inspectors General, Deputy Inspectors General and other officers as appointed under this Act.

(2)   The administration of police in a district shall vest in the District Superintendent of Police.

(3)   Administration will mean the management of the Police Service, subject to law, rules and regulations; and will include framing of regulations; supervising the functioning of the police at all levels; appointment to subordinate ranks of the Service, deployment of the police personnel, posting, transfers, and the requisite disciplinary action up to and including the rank of Inspector of Police; and advising the Government on the placement of officers of and above the rank of Assistant/ Deputy Superintendent of Police: *Provided* that the State Government may intervene in the exercise of the powers of administration by the Director General of Police or any other authorised officer only in accordance with the prescribed rules, regulations or in exceptional circumstances involving urgent public interest, reasons for which shall be recorded in writing.

52. Powers and responsibilities of the Director General of Police

As head of the state Police Service, it shall be the responsibility of the Director General of Police to:

(a) operationalise the policies, the Strategic Plan and the Annual Plan prepared by the State Government, referred to in Section 40 of this Chapter; and

(b) administer, control and supervise the Police Service to ensure its efficiency, effectiveness, responsiveness and accountability.

53. Police Establishment Committees

(1) The State Government shall constitute a Police Establishment Committee (hereinafter referred to as the 'Establishment Committee') with the Director General of Police as its Chairperson and four other senior-most officers within the police organisation of the state as members.

(2) Accept and examine complaints from police officers about being subjected to illegal orders. The Establishment Committee shall make appropriate recommendation to the Director General of Police for necessary action: *Provided* that if the matter under report involves any authority of or above the ranks of the members of the Establishment Committee, it shall forward such report to the State Police Committee for further action.

(3) The Establishment Committee shall recommend names of suitable officers to the State Government for posting to all the positions in the ranks of Assistant/Deputy Superintendents and above in the police organisation of the state, excluding the Director General of Police. The State Government shall ordinarily accept these recommendations, and if it disagrees with any such recommendation, it shall record reasons for disagreement.

(4) The Establishment Committee shall also consider and recommend to the Director General of Police the names of officers of the ranks of Sub-Inspector and Inspector for posting to a Police Range on initial appointment, or for transfer from one Police Range to another, where such transfer is considered expedient for the Police Service.

(5) Inter-district transfers and postings of non-gazetted ranks, within a Police Range, shall be decided by the Range Deputy Inspector General, as competent authority, on the recommendation of a Committee comprising all the District Superintendents of Police of the Range.

(6) Postings and transfers of non-gazetted police officers within a Police District shall be decided

by the District Superintendent of Police, as competent authority, on the recommendation of a District-level Committee in which all Additional/Deputy/Assistant Superintendents of Police posted in the District shall be members.

(7) While effecting transfers and postings of police officers of all ranks, the concerned competent authority shall ensure that every officer is ordinarily allowed a minimum tenure of two years in a posting. If any officer is to be transferred before the expiry of this minimum term, the competent authority must record detailed reasons for the transfer.

(8) No authority other than the authority having power under this Act to order transfer shall issue any transfer order.

54. Procedure for promotion of police officers

Promotion to each rank in the Police Service shall be based on merit, which would include seniority, to be evaluated through the result of a qualifying examination and performance evaluation in respect of each officer. The Director General of Police shall, with the approval of the State Government, frame the evaluation criteria for each rank and category of police personnel: *Provided that* for the officers of the Indian Police Service, such evaluation criteria shall be as framed by the Government of India.

Appendix - 11

Suggested Readings

1. *Report of the National Police Commission 1977-81 (VIII volumes) - Government of India*

2. *Police in Ferment - S. K. Ghosh, Former Inspector General of Police, Orissa & Director, Law Research Institute, Calcutta - Light & Life Publishers, New Delhi, Jammu, Trivandrum*

3. *The Indian Mafia - S. K. Ghosh, Former Inspector General of Police, Orissa & Director, Law Research Institute, Calcutta - Ashish Publishing House, New Delhi*

4. *Red Sun: Travels in naxalite country - Sudeep Chakravarti - Penguin Books, India, New Delhi*

5. *Police: Organisation and Command - R.S. Bunyard, D.M.S., M.B.I.M., M.I.P.M., Chief Constable of Essex -English Language Book Society and Macdonald and Evans Ltd. London*

6. *What is Wrong with Indian Police? - D.N. Gautam, I.P.S. - N.B.O. Publishers Distributors, Delhi*

7. *Crime Justice and People of India - V.P. Srivastav, Prosecutor Department of Legal*

Studies Delhi Police Training School JharodaKalan, New Delhi - Indian Publishers Distributors, Delhi

8. *Police Administration - T.N. Chaturvedi & S. Venugopal Rao - Indian Institute of Public Administration, New Delhi*

9. *The Age of Terrorism: A Completely revised and Expanded Study of National and International Political Violence, Based on the author's Classic, Terrorism - Little Brown & Company,Boston, Toronto, London*

10. *Inside RAW -The story of India's Secret Service - Asoka Raina - Vikas Publishing House Pvt. Ltd., New Delhi*

11. *Leaves from a Policeman's Diary - B. N. Lahiri, I.P.S (Retd.) - Meenakshi Prakashan, Meerut, Delhi, Calcutta*

12. *Citizen and Administration - T.N. Chaturvedi & S.N. Sadasivan - Indian Institute of Public Administration, New Delhi*

13. *International Terrorism: Challenges of 21st Century - Dr. Dasarathi Bhuyan - Mohit Publications, New Delhi*

14. *Riot after Riot: Reports on caste and communal violence in India - M.J. Akbar - Lotus Collection Roli Books, New Delhi*

15. *Terrorism Post 9/11: An Indian Perspective - P.R. Chari, SubaChandran - Manohar Publisher & Distributors, New Delhi*

16. *Constitutional Law of India (Seventh Edition 1998) - Acharya Dr.Durga Das Basu*

17. *A Heart Full of Burden - T.N. Seshan - UBS Publisher Distributors Ltd. New Delhi.*

18. *The Clash of Civilizations and the remaking of World Order - Samuel P. Huntington - Penguin Books India Pvt. Ltd., New Delhi.*

19. *Studies in Violence, National Integration and Non-Alignment - Dr. Sarojini, Sharan - Commonwealth Publishers, New Delhi.*

20. *Power and Terror (Post-9/11 Talks and Interviews) Noam Chomsky - John Junkerman & Takei Masakazu - Natraj Publishers, Dehradun.*

21. *As I See... - Kiran Bedi - Sterling Publishers Private Limited, New Delhi.*

22. *Police Polity and People in India - P.D. Sharma, Director, University Training Centre Department of Political Science Rajasthan University, Jaipur - Uppal Publishing House, New Delhi.*

23. The Black Tiger by SRIJAN PAL SINGH former adviser to Dr. A.P.J. Abdul Kalam 11th

President of India, published by FingerPrint Prakashan Books India Pvt. Ltd. Delhi.

24. CBI AND POLICING IN INDIA From Vedic Period to modern times - Devi DayalAggarwal, Forward by K.P.S. Gill

25. Khaki mei Insan by Ashok Kumar IPS

26. STATE SECURITY COMMISSIONS - Reform Derailed by Garima Mohan & Navaz Kotwal - Commonwealth Human Rights Initiative 2011

27. EMERGENCY CHRONICLES - Indira Gandhi & Democracy's turning point- by Gyan Prakash

लेखक
अरूण प्रकाश

संक्षिप्त परिचय

जन्म स्थान- खतौली मुजफ्फर नगर उत्तर प्रदेश, 2 जून 1950

शिक्षा- बी0 ई0 1971 प्रथम स्थान गोल्ड मेडलिस्ट (MNR Engineering College now MNNIT Allahabad) सेवा निवृत्त अधीक्षण अभियन्ता

अनुभव - अध्यापन, इन्जीनियरिगं निर्माण कार्य, सिंचाई कार्य, ग्रामीण अंचलो में कृषको की सिंचाई सम्बन्धी समस्याओ का समाधान पर्वतीय लिफ्ट नहरों का निर्माण कार्यशाला प्रबधन, जल विद्युत परियोजनाओ के निर्माण कार्य। (38 वर्ष)

पूर्ण सेवा में कृषकों ग्रामीण स्तरों पर जन समस्याओ एवं अपराध के मूल कारणों पर विशेष लगातार अध्ययन, तत्सम्बन्धित पुलिस कमीशन, सर्वोच्च न्यायालय निर्णय, विभिन्न आयोग एवं रिर्पोट का विश्लेषण एवं अनुपालन अध्ययन लेखन कार्य, दो जनहित एन0 जी0 ओ0 की कार्यकारिणी में सक्रिय योगदान।

email-er.arunprakash@gmail.com

Ingram Content Group UK Ltd.
Milton Keynes UK
UKHW010656210323
418913UK00014B/687

9 798887 835525